Vente du 8 au 13 Février 1886

HÔTEL DES COMMISSAIRES-PRISEURS

CATALOGUE

DE LIVRES

DE

L'ÉCOLE ROMANTIQUE

ET

PUBLICATIONS ILLUSTRÉES DU XIXᵉ SIÈCLE

COMPOSANT

LA BIBLIOTHÈQUE DE M. E. Colin

PARIS

CH. PORQUET, LIBRAIRE

1, QUAI VOLTAIRE, 1

1886

CATALOGUE

DE LIVRES

DE L'ÉCOLE ROMANTIQUE

LA VENTE AURA LIEU

Le Lundi 8 février 1886 et les cinq jours suivants

A DEUX HEURES PRÉCISES

HOTEL DES COMMISSAIRES-PRISEURS, RUE DROUOT, 9

Salle n° 5 au premier

Par le ministère de M° MAURICE DELESTRE, commissaire-priseur

27, RUE DROUOT

Assisté de M. CH. PORQUET, libraire, quai Voltaire, 1

CONDITIONS DE LA VENTE

Les acquéreurs paieront 5 p. 100 en sus des enchères, applicables aux frais.

Les livres devront être collationnés sur place dans les vingt-quatre heures de l'adjudication. Passé ce délai ou une fois sortis de la salle de vente, ils ne seront repris pour aucune cause.

M. CH. PORQUET remplira les commissions des personnes qui ne pourraient assister à la vente.

CATALOGUE

DE LIVRES

DE

L'ÉCOLE ROMANTIQUE

ET

PUBLICATIONS ILLUSTRÉES DU XIXᵉ SIÈCLE

COMPOSANT

LA BIBLIOTHÈQUE DE M. E. Colin

PARIS

CH. PORQUET, LIBRAIRE

1, QUAI VOLTAIRE, 1

1886

ORDRE DES VACATIONS

CATALOGUE

DE LIVRES

DE

L'ÉCOLE ROMANTIQUE

ET

PUBLICATIONS ILLUSTRÉES DU XIXᵉ SIÈCLE

COMPOSANT

LA BIBLIOTHÈQUE DE M. E. C***

1. About (Edmond). Lettre d'un bon jeune homme à sa cousine Madeleine, *Paris, Michel Lévy*, 1861, in-12, broché.
   Édition originale.

2. About (Edmond). Le Roi des Montagnes, cinquième édition, illustrée par Gustave Doré, *Paris, Hachette*, 1861, gr. in-8, demi rel. mar. rouge, dos et coins, tête dor., non rogné. (*Reymann.*)
   Premier tirage des gravures.

3. About (Edmond). Guillery. Comédie en trois actes, en prose. *Paris, Michel Lévy*, 1856, in-12, cart. non rogné. — Risette, ou les Millions de la mansarde. Comédie en un acte, en prose. *Paris, Michel Lévy*, 1859, in-12, broché. — About (Edmond) et de Najac (Émile). Le Capitaine Bitterlin. Comédie en un acte, en prose. *Paris, Michel Lévy*, 1860, in-12, cart., non rogné.
   Éditions originales, avec les couvertures.

4. About (Edmond). Gaetana. Drame en cinq actes en prose, avec une préface inédite. *Paris, Michel Lévy*, 1862, in-8, cart., non rogné.
   Édition originale, avec la couverture.

1

5. ADAM (Mme) (Juliette Lamber). La Chanson des nouveaux époux. Édition ornée d'un portrait et de 10 eaux-fortes. *Paris, Conquet*, 1882, gr. in-4, demi-rel. mar. bleu, dos et coins, tête dor., non rogné. (*Reymann.*)

100 fr.
Conquet

L'un des 100 exemplaires tirés sur papier du Japon, avec les eaux-fortes, épreuves en double état, avant et avec la lettre.

6. ADELINE (Jules). Hippolyte Bellangé et son œuvre, avec eaux-fortes et fac-similé. *Paris, Quantin*, 1880, in-8, broché.

11 fr.
St Jorre

Exemplaire tiré sur papier de Hollande avec le portrait et les figures en double état avant et avec la lettre. Provenant de la bibliothèque de P. de Saint-Victor.

7. AICARD (Jean). Les Rébellions et les Apaisements. Poésies. *Paris, Lemerre*, 1871, in-12, broché.

9 fr.
Porquet

Édition originale. Exemplaire tiré sur papier de Chine.

8. ALBANÈS (d'). Les Mystères du collège. Illustrés par Eustache Lorsay. *Paris, G. Havard*, 1845, in-8, cart., non rogné.

14 fr.
Conquet

Avec la couverture.

9. AMICIS (Edmondo de). Le Maroc. Traduit de l'italien par Henri Belle. Ouvrage illustré de 174 gravures sur bois d'après les dessins de E. Bayard, C. Biseo, S. Ussi, etc. *Paris, Hachette*, 1882, in-fol. demi-rel. mar. vert, dos et coins, tête dor., non rogné. (*Reymann.*)

60 fr.
Belin

Exemplaire tiré sur papier de Chine.

10. ANNALES ROMANTIQUES, recueil de morceaux choisis de littérature contemporaine. Années 1825 à 1829 et 1831. *Paris, Urbain Canel*, 1825-31, 5 vol. in-12, brochés, et reliés non rognés.

39 fr.
Conquet

11. ARÈNE (Paul). Jean-des-Figues, avec une eau-forte d'E. Benassit. *Paris, Librairie internationale*, 1870, in-12, broché.

15 fr.
Conquet

Édition originale. Sur le faux titre, autographe de dix vers signés par l'auteur, avec la couverture.

12. ART (L') ET L'INDUSTRIE de tous les peuples à l'Exposition universelle de 1878. Description illustrée des merveilles du Champ-de-Mars et du Trocadéro, par les écrivains spéciaux les plus autorisés. *Paris, Librairie illustrée, s. d.*, in-4, nombreuses gravures, broché.

5 fr.
Belin

13. Asselineau (Ch.). Bibliographie romantique. Seconde édition, avec une eau-forte de Bracquemond. *Paris, Rouquelle,*
1872, gr. in-8, broché. — Appendice à la Bibliographie
romantique (par P. Malassis). *Paris, Rouquette,* 1874, gr.
in-8, broché.

19 fr.
Rouquette

> Exemplaire tiré sur papier vergé, avec l'eau-forte de C. Nanteuil
> pour la première édition.

14. Aubanel (Théod.). La Grenade entr'ouverte. (La Miou-
grano entreduberto.) *Avignon, J. Roumanille,* 1860, in-12,
demi-rel. v. fauve, dos et coins, non rogné.

3.50
Randon

> Envoi autographe de l'auteur à Amédée Achard.

15. Audsley (G. A.) et James L. Bowes. La Céramique japo-
naise. Édition française, publiée sous la direction de A. Ra-
cinet, trad. de P. Louisy. *Paris, Firmin-Didot,* 1877, in-fol.,
avec fig. et nombreuses planches en chromolithographie,
demi-rel. mar. bleu, dos orné et coins, tête dor., non rogné. (*Reymann.*)

169 fr.
Rouquette

16. Augier (Émile). Poésies complètes. *Paris, Michel Lévy,*
1852, in-12, demi-rel. mar. bleu, tête dor., non rogné.
(*Lemardeley.*)

13 fr.
Couquet

> Édition originale, avec la couverture.

17. Augier (Émile). Les Pariétaires. Poésies. *Paris, Michel
Lévy,* 1855, in-16, demi-rel. mar. bleu, dos et coins, tête
dor., non rogné.

7 fr.
couquet

> Édition originale, avec un autographe signé de l'auteur.

18. Augier (Émile). Théâtre. *Bruxelles, A. Lebègue. Paris,*
(*typ. Simon Raçon*), 1856-1857, 6 vol. in-32, demi-rel.
mar. rouge, dos et coins, tête dor., non rognés. (*Lemardeley.*)

35 fr.

> Édition originale collective.

19. Augier (Émile). La Ciguë. Comédie en deux actes en
vers. *Paris, Furne,* 1844, in-12, demi-rel. mar. bleu, tête
dor., non rogné. (*Lemardeley.*)

6 fr.
Porquet

> Édition originale, avec la couverture.

20. AUGIER (Émile). Un homme de bien. Comédie en trois actes et en vers. *Paris, Furne,* 1845, in-12, cart., non rogné.

7 fr.

Édition originale. Envoi d'auteur signé « à Samson ».

21. AUGIER (Émile). Gabrielle. Comédie en cinq actes en vers. *Paris, Michel Lévy,* 1850, in-12, demi-rel. mar. bleu, tête dor., non rogné. (*Lemardeley.*)

6 fr.

Édition originale, avec la couverture.

22. AUGIER (Émile). Le Joueur de flûte. *Paris, Blanchard,* 1851, in-12, demi-rel. mar. bleu, tête dor., non rogné. (*Lemardeley.*)

7 fr.

Édition originale, avec la couverture.

23. AUGIER (Émile). Diane. Drame en cinq actes en vers. *Paris, Michel Lévy,* 1852, in-12, demi-rel. mar. bleu, tête dor., non rogné. (*Lemardeley.*)

7 fr.

Édition originale, avec la couverture.

24. AUGIER (Émile). Les Méprises de l'Amour. Comédie en cinq actes et en vers. *Paris, Michel Lévy,* 1852, in-12, broché. — Augier (Émile) et Sandeau (Jules). La Chasse au roman. Comédie-vaudeville en trois actes. *Paris, Michel Lévy,* 1851, in-12, cart., non rogné.

7 fr.

Éditions originales.

25. AUGIER (Émile). Philiberte. Comédie en trois actes en vers. *Paris, Michel Lévy,* 1853, in-12, demi-rel. mar. bleu, tête dor., non rogné. (*Lemardeley.*)

7 fr.

Édition originale, avec la couverture.

26. AUGIER (Émile) et Jules Sandeau. Le Gendre de M. Poirier. Comédie en quatre actes en prose. *Paris, Michel Lévy,* 1854, in-12, demi-rel. mar. bleu, tête dor., non rogné. (*Lemardeley.*)

17 fr.

Édition originale, avec la couverture.

27. AUGIER (Émile) et Jules Sandeau. La Pierre de touche. Comédie en cinq actes en prose. *Paris, Michel Lévy,* 1854, in-12, demi-rel. mar. bleu, tête dor., non rogné. (*Lemardeley.*)

7 fr.

Édition originale, avec la couverture.

28. Augier (Émile). Le Mariage d'Olympe. Pièce en trois actes, en prose. *Paris, Michel Lévy*, 1855, in-12, demi-rel. mar. bleu, tête dor., non rogné. (*Lemardeley*.)

7 fr.

Édition originale, avec la couverture.

29. Augier (Émile). Ceinture dorée. Comédie en trois actes, en prose. *Paris, Michel Lévy*, 1855, in-12, demi-rel. mar. bleu, tête dor., non rogné. (*Lemardeley*.)

28 fr.

Édition originale, avec la couverture. Envoi autographe d'Émile Augier à Alfred de Musset.

30. Augier (Émile). La Jeunesse. Comédie en cinq actes en vers. *Paris, Michel Lévy*, 1858, in-12, demi-rel. mar. bleu, tête dor., non rogné. (*Lemardeley*.)

7 fr.

Édition originale, avec la couverture.

31. Augier (Émile) et Ed. Foussier. Les Lionnes pauvres. Pièce en cinq actes, en prose. *Paris, Michel Lévy*, 1858, in-12, demi-rel. mar. bleu, tête dor., non rogné. (*Lemardeley*.)

7 fr.

Édition originale, avec la couverture.

32. Augier (Émile) et Ed. Foussier. Un beau mariage. Comédie en cinq actes, en prose. *Paris, Michel Lévy*, 1859, in-12, demi-rel. mar. bleu, tête dor., non rogné. (*Lemardeley*.)

7 fr.

Édition originale, avec la couverture.

33. Augier (Émile). L'Aventurière. Comédie en quatre actes, en vers. *Paris, Michel Lévy*, 1860, in-12, demi-rel. mar. bleu, tête dor., non rogné. (*Lemardeley*.)

14 fr.

Édition originale de la pièce sous sa forme définitive.

34. Augier (Émile). Les Effrontés. Comédie en cinq actes, en prose. *Paris, Michel Lévy*, 1861, gr. in-8, broché.

6 fr.

Édition originale. Exemplaire tiré sur papier de Hollande, avec la couverture.

35. Augier (Émile). Les Effrontés. Comédie en cinq actes, en prose. *Paris, Michel Lévy*, 1861, gr. in-8, mar. bleu, dos et coins, tête dor., non rogné. (*Lemardeley*.)

12 fr.

Édition originale, avec la couverture.

36. Augier (Émile). Le Fils de Giboyer. Comédie en cinq actes, en prose. *Paris, Michel Lévy*, 1863, gr. in-8, demi-

6 fr.

rel. mar. bleu, dos et coins, tête dor., non rogné. (*Lemardeley.*)

Édition originale, avec la couverture.

37. VÉMAR (A.). Le Fils de Giboyer pour rire. *Paris, Dentu, s. d.,* in-32, cart., non rogné. — Le Fils de Gibaugier, ou Je suis son père. Comédie burlesque en cinq actes, en prose et sans couplets, par un Académicien sérieux. *Paris, Cournol,* 1863, in-12, cart., non rogné. — Le Tour de France du fils de Giboyer, suivi des vers satiriques, des polémiques, des procès, etc., que cette pièce a suscités. *Paris, Gosselin,* 1864, in-12, cart. non rogné.

38. AUGIER (Émile). Maître Guérin. Comédie en cinq actes, en prose. *Paris, Michel Lévy,* 1865, gr. in-8, demi-rel. mar. bleu, dos et coins, tête dor., non rogné. (*Lemardeley.*)

Édition originale, avec la couverture. Envoi autographe de l'auteur : « A Théophile Gautier, son vieil ami, É. Augier. »

39. AUGIER (Émile). La Contagion. Comédie en cinq actes, en prose. *Paris, Michel Lévy,* 1866, gr. in-8, demi-rel. mar. bleu, dos et coins, tête dor., non rogné. (*Lemardeley.*)

Édition originale, avec la couverture.

40. AUGIER (Émile). Paul Forestier. Comédie en quatre actes, en vers. *Paris, Michel Lévy,* 1868, gr. in-8, demi-rel. mar. bleu, dos et coins, tête dor., non rogné.

Édition originale, avec la couverture. Envoi autographe de l'auteur à Xavier Aubryet.

41. AUGIER (Émile). Le Post-scriptum. Comédie en un acte, en prose. *Paris, Michel Lévy,* 1869, in-12, demi-rel. mar. bleu, tête dor., non rogné. (*Lemardeley.*)

Édition originale, avec la couverture.

42. AUGIER (Émile). Lions et Renards. Comédie en cinq actes, en prose. *Paris, Michel Lévy,* 1870, gr. in-8, demi-rel. mar. bleu, dos et coins, tête dor., [non rogné. (*Lemardeley.*)

Édition originale, avec la couverture.

43. AUGIER (Émile). Madame Caverlet. Pièce en quatre actes,

en prose. *Paris, C. Lévy,* 1876, gr. in-8, demi-rel. mar. bleu, dos et coins, tête dor., non rogné. (*Lemardeley.*)

Édition originale, avec la couverture.

9 fr.

44. AUTREFOIS, OU LE BON VIEUX TEMPS, types français du dix-huitième siècle, texte par R. de Beauvoir, Aug. Challamel, Em. Deschamps, A. Second, Ed. Thierry, etc.; vignettes par T. Johannot, Th. Fragonard, Gavarni, Em. Wattier, etc. *Paris, Challamel, s. d.* (1842), gr. in-8, fig. coloriées, cart. non rogné.

27 fr.

45. AVENTURES (les) de Tiel Ulenspiegel, illustrées par Lauters. *Bruxelles, Société des beaux-arts,* 1840, in-12, demi-rel. mar. vert, tête dor., non rogné. (*Lemardeley.*)

Avec la couverture.

16 fr.

46. AVENTURES du chevalier Jaufre et de la Belle Brunissende, traduites par Mary Lafon, illustrées de 20 belles gravures dessinées par G. Doré. *Paris, Librairie nouvelle,* 1856, gr. in-8, demi-rel. mar. rouge, dos et coins, tête dor., non rogné. (*Reymann.*)

Avec la couverture.

31 fr.

47. BALZAC (H. de). Œuvres. *Paris, Charpentier,* 1839-1847, 15 vol. in-12, brochés.

Balthazar Claës. — Eugénie Grandet. — César Birotteau. — Scènes de la Vie privée, 2 vol. — Le Médecin de campagne. — Physiologie du mariage. — Scènes de la Vie de province, 2 vol. — Le Père Goriot. — Louis Lambert. — Scènes de la Vie parisienne, 2 vol. — La Peau de chagrin. — Histoire des Treize.

35 fr.
conquet

48. BALZAC (H. de). Œuvres complètes. *Paris, Houssiaux,* 1865-66, 20 vol. in-8, fig. brochés.

67 fr. (?)
conquet

49. BALZAC (H. de). Physiologie du Mariage, ou Méditations de philosophie éclectique sur le bonheur et le malheur conjugal, publiées par un jeune célibataire. *Paris, Levavasseur et Urbain Canel,* 1830, 2 vol. in-8, mar. vert jans., dent. int., tr. dor. (*Cuzin.*)

Édition originale. Très bel exemplaire relié sur brochure.

80 fr.
morgand

50. BALZAC (H. de). La Peau de chagrin, roman philosophique. *Paris, Ch. Gosselin,* 1831, 2 vol. in-8, frontispices de

110 fr.
Porquet

Tony Johannot sur papier de Chine, mar. vert jans., dent. int., tr. dor. (*Cuzin.*)

Édition originale, très bel exemplaire relié sur brochure.

110 fr.
conquet

51. BALZAC (H. de). La Peau de chagrin. Études sociales. *Paris, Delloye et Lecou*, 1838, gr. in-8, vignettes d'après les dessins de Gavarni, Baron, Janet-Lange, etc.; demi-rel. mar. ch. vert, non rogné.

Exemplaire de premier tirage, avec les deux portraits de *Pauline* et *Fœdora* tirés à part sur papier de Chine, avant la lettre.

182 fr.
Porquet

52. BALZAC (H. de). Les Cent Contes drolatiques, colligez ès abbaïes de Touraine et mis en lumière par le sieur de Balzac, pour l'esbattement des Pantagruélistes et non aultres. *Se trouve à Paris, chez Ch. Gosselin et Werdet*, 1832-1833-1837, 3 vol. in-8, demi-rel. mar. rouge, dos et coins, tête dor., non rognés.

Édition originale. Bel exemplaire.

40 fr.

53. BALZAC (H. de). Les Contes drolatiques, colligez ez abbayes de Touraine mis en lumière pour l'esbattement des Pantagruélistes et non aultres. Cinquiesme édition illustrée de 425 dessins par Gustave Doré. *Se trouve a Paris, ez bureaux de la Société générale de librairie*, 1855, in-8, cart., non rogné.

60 fr.
conquet

54. BALZAC (H. de). Le Médecin de campagne. Aux cœurs blessés, l'ombre et le silence. *Paris, Mame Delaunay*, 1833, 2 vol. in-8, demi-rel. veau rouge, non rogné.

Édition originale. De la bibliothèque de H. de Balzac.

9 fr.
conquet

55. BALZAC (H. de). Histoire intellectuelle de Louis Lambert. *Paris, Gosselin*, 1833, in-12, demi-rel. mar. bleu, tête dor., non rogné. (*Lortic.*)

Édition originale.

9 fr.
Rouquette

56. BALZAC (H. de). Les Chouans, ou la Bretagne en 1799. *Paris, Ch. Vimont*, 1834, 2 vol. in-8, demi-rel. veau rouge, non rognés.

De la bibliothèque de H. de Balzac.

57. BALZAC (H. de). Scènes de la vie de province. Études de

mœurs au xixe siècle. *Paris, Ch. Béchet,* 1834, 4 vol. in-8, cart., non rognés.

Édition originale, avec les couvertures.

49 fr.
conquet

58. BALZAC (H. de). Le Père Goriot, histoire parisienne. *Paris, Werdet,* 1835, 2 vol. in-8, cart., non rognés.

Édition originale.

39 fr.
conquet

59. BALZAC (H. de). Le Lys dans la Vallée. *Paris, Werdet,* 1836, 2 vol. in-8, cart., non rognés.

Édition originale.

8 fr.
Porquet

60. BALZAC (H. de). Histoire de la grandeur et de la décadence de César Birotteau, nouvelle scène de la vie parisienne. *Paris, chez l'éditeur,* 1838, 2 vol. in-8, demi-rel. veau rouge, non rognés.

Édition originale. De la bibliothèque de H. de Balzac.

36 fr.
morgand

61. BALZAC (H. de). Un grand homme de province à Paris, scènes de la vie de province. *Paris, H. Souverain,* 1839, 2 vol. in-8, demi-rel. veau rouge, non rognés.

Édition originale. De la bibliothèque de H. de Balzac.

19 fr.
Porquet

62. BALZAC (H. de). Béatrix, ou les Amours forcés, scènes de la vie privée. *Paris, Hipp. Souverain,* 1839, 2 vol. in-8, demi-rel. mar. brun, dos et coins, non rognés.

Édition originale, avec les couvertures.

9 fr.
Conquet

63. BALZAC (H. de). Pierrette, scène de la vie de province. *Paris, Hipp. Souverain,* 1840, 2 vol. in-8, cart., non rognés.

Édition originale.

9 fr.
Rouquette

64. BALZAC (H. de). Revue parisienne, dirigée par M. de Balzac. *Paris, à la Revue parisienne,* 1840, in-16, demi-rel. mar. vert jans., tête dor., non rogné. (*Lemardeley.*)

Cette revue, dont il n'a paru que trois livraisons, renferme l'édition originale des *Fantaisies de Claudine* et de *Z. Marcas.*

8 fr.
Porquet

65. BALZAC. Vautrin. Drame en cinq actes, en prose. *Paris, Delloye,* 1840, in-8, cart., non rogné.

Envoi autographe de l'auteur : « Voici le vrai Vautrin que j'envoie non à Marceline, mais à Monsieur Valmore. — De Balzac. »

37 fr.
conquet

9 fr.
conquet
66. BALZAC (H. de). Les Deux Frères. *Paris, Hipp. Souverain,* 1842, 2 vol. in-8, cart., non rognés.

Édition originale, avec les couvertures.

32 fr.
67. BALZAC (H. de). Ursule Mirouet. *Paris, Hipp. Souverain,* 1842, 2 vol. in-8, demi-rel. mar. brun, dos et coins, non rognés.

Édition originale, avec les couvertures.

8.50
68. BALZAC (H. de). Histoire de l'Empereur, racontée dans une grange par un vieux soldat et recueillie par M. de Balzac. Vignettes par Lorentz, gravures par MM. Brevière et Novion. *Paris, Dubochet,* 1842, in-32, demi-rel. mar. bleu, tête dor., non rogné.

Édition originale, avec la couverture.

5 fr.
69. BALZAC (H. de). David Séchard. *Paris, Dumont,* 1843, 2 vol. in-8, brochés.

Édition originale, avec les couvertures.

24 fr.
70. BALZAC (H. de). Une ténébreuse affaire. *Paris, Hipp. Souverain,* 1843, 3 vol. in-8, cart., non rognés.

Édition originale, avec les couvertures.

5 fr.
71. BALZAC (H. de). Un début dans la vie. *Paris, Dumont,* 1844, 2 vol. in-8, cart., non rognés.

Édition originale, avec les couvertures.

45 fr.
72. BALZAC (H. de). Splendeurs et misères des courtisanes. — Esther. — Échantillon de causerie française. *Paris, L. de Potter,* 1845, 3 vol. in-8, demi-rel. mar. brun, dos et coins, non rognés.

Édition originale, avec les couvertures.

12 fr.
73. BALZAC (H. de). Honorine. *Paris, L. de Potter,* 1845, 2 vol. in-8, cart., non rognés.

Édition originale, avec les couvertures.

49 fr.
conquet
74. BALZAC (H. de). Petites Misères de la vie conjugale, illustrées par Bertall. *Paris, Chlendowski, s. d.* (1845), gr. in-8, demi-rel. mar. citron, dos et coins, tête dor., non rogné.

Avec la couverture.

75. Balzac (H. de). Petites Misères de la vie conjugale, illustrées par Bertall. *Paris, Chlendowski, s. d.* (1845), gr. in-8,
demi-rel. mar. vert, dos et coins, tête dor., non rogné.
(*Reymann.*)

66 fr. conquet

76. Balzac (H. de). Paris marié, philosophie de la vie conjugale commentée par Gavarni. *Paris, Hetzel,* 1846, in-8,
demi-rel. mar. bleu, dos et coins, tête dor., non rogné.
Avec la couverture.

18 fr. conquet

77. Balzac (H. de). Un drame dans les prisons. *Paris, Hipp.
Souverain,* 1847, 2 vol. in-8, demi-rel. veau rouge, tr. jasp.

3 fr.

78. Balzac (H. de). Les Parens pauvres. *Paris, L. Chlendowski
et Pétion,* 1847-1848, 12 vol. in-8, brochés.
Édition originale, avec les couvertures.

32 fr. Rouquette

79. Balzac (H. de). La Dernière Incarnation de Vautrin.
Paris, L. Chlendowski, 1848, 3 vol. in-8, cart., non rognés.
Édition originale,

26 fr.

80. Balzac (H. de). Mercadet. Comédie en trois actes et en
prose. *Paris, Librairie théâtrale,* 1851, in-12, cart., non
rogné.
Édition originale, avec la couverture.

3 fr.

81. Balzac (H. de). Traité de la Vie élégante. *Paris, Librairie nouvelle,* 1853, in-16, demi-rel. mar. rouge jans., tête
dor., non rogné. (*Lortic.*)

7 fr.

82. Balzac (H. de). Le Député d'Arcis, scènes de la vie politique. *Paris, de Potter, s. d.* (1854), 4 vol. in-8, cart. non
rognés.
Édition originale avec les couvertures. — Un cachet sur le titre du
tome premier.

9 fr.

83. Balzac (H. de). L'Initié. *Paris, L. de Potter, s. d.* (1854),
2 vol. in-8, cart. non rognés.
· Édition originale, avec les couvertures.

2 fr. Porquet

84. Balzac (H. de). Madame de La Chanterie. *Paris, L. de
Potter, s. d.* (1854), in-8, broché.
Édition originale.

2 fr. Porquet

85. Balzac (H. de). Code des gens honnêtes. *Paris, Librairie*

7 fr.
Porquet

nouvelle, 1854, in-16, demi-rel. mar. bleu jans., tête dor., non rogné. (*Lortic.*)

86. BALZAC (H. de). Les Petits Bourgeois. — Les Parvenus,
11 fr. scènes de la vie parisienne. *Paris, L. de Potter, s. d.* (1856-1857), 8 vol. in-8, cart. non rognés.

Édition originale avec les couvertures.

87. BALZAC (H. de). Eugénie Grandet, ouvrage orné de huit
265 fr. sujets dessinés par Dagnan-Bouveret et gravés à l'eau-forte
par Le Rat. *Paris, imprimé pour les amis des livres par Mot-*
Conquet *teroz*, 1883, gr. in-8, mar. bleu jans., dent. int., tr. dor.
(*Cuzin.*)

Très bel exemplaire, avec la couverture, de cette édition tirée à 120 exemplaires, contenant les figures, épreuves en double état, eau-forte sur papier blanc, et avant la lettre sur papier de Chine.

88. SAPHIR (le). Morceaux inédits de littérature moderne. *Pa-*
6 fr. *ris, U. Canel*, 1832, in-12, demi-rel. mar. bleu, dos et coins,
tête dor., non rogné. (*Reymann.*)

Contient : *le Refus*, scène de l'histoire de France, par H. de Balzac.

89. BANVILLE (Théodore de). Poésies, 1841-1854. *Paris, Pou-*
let-Malassis, 1857, in-12, demi-rel. v. fau. dos et coins, tête
49 fr. dor., non rogné.
Conquet

Exemplaire tiré sur papier de Hollande. Envoi autographe de l'auteur à J. Janin dont il porte la signature au-dessus de la dédicace. — On a ajouté une lettre autographe de seize lignes de Théodore de Banville.

90. BANVILLE (Théodore de). Les Cariatides. *Paris, Pilout,*
9 fr. 1842, in-12, demi-rel. mar. vert jans., tête dor., non rogné.
(*Amand.*)

Édition originale.

91. BANVILLE (Théodore de). Les Cariatides. *Paris, Pilout,*
14 fr. 1842, in-12, demi-rel. mar. bleu, dos et coins, tête dor., non
rogné. (*Reymann.*)

Édition originale.

92. BANVILLE (Théodore de). Odes funambulesques, avec un
28 fr. frontispice gravé à l'eau-forte par Bracquemond, d'après
un dessin de Ch. Voillemot. *Alençon, Poulet-Malassis et de*

Broise, 1857, in-12, demi-rel. mar. rouge, dos et coins, tête dor., non rogné. (*Reymann.*)

Édition originale.

93. BANVILLE (Théodore de). La Mer de Nice, lettres à un ami. *Paris, Poulet-Malassis,* 1861, in-12, cart., non rogné. *3.50*

Édition originale avec la couverture.

94. BANVILLE (Théodore de). Camées parisiens, frontispices avec portraits à l'eau-forte de Ulm. *Paris, Pincebourde,* 1866-1873, 3 vol. petit in-12, demi-rel. mar. vert, dos et coins, tête dor., non rognés. *30 fr.*

Édition originale avec les couvertures. Envoi d'auteur à Ch. Asselineau.

95. BANVILLE (Théodore de). Les Exilés. *Paris, Lemerre,* 1867, in-12, portrait, demi-rel. mar. bleu, tête dor., non rogné. *7 fr.*

Édition originale. — Envoi autographe de l'auteur à Nestor Roqueplan.

96. BANVILLE (Théodore de). Nouvelles Odes funambulesques. *Paris, Lemerre,* 1869, in-12, frontispice de L. Flameng, broché. *16 fr.*

Édition originale. — Exemplaire tiré sur papier de Chine avec la couverture.

97. BANVILLE (Théodore de). Idylles prussiennes. *Paris, Lemerre,* 1871, in-12, demi-rel. mar. vert, tête dor., non rogné. (*Amand.*) *6 fr.*

Édition originale. Envoi d'auteur autographe à P. Malassis.

98. BANVILLE (Théodore de). Trente-six ballades joyeuses, précédées d'une Histoire de la ballade par Ch. Asselineau. *Paris, Lemerre,* 1873, in-12, frontispice gravé, mar. bleu, dos orné, dent. int., tr. dor., non rogné. (*Amand.*) *71 fr. Rouquette*

Édition originale. — On a ajouté à l'exemplaire le dessin original de Bracquemond, pour le frontispice, et une pièce de dix vers autographes, signée du poète, adressée à P. Malassis.

99. BANVILLE (Théodore de). Trente-six ballades joyeuses, précédées d'une Histoire de la ballade par Ch. Asselineau. *Paris, Lemerre,* 1873, in-12, frontispice gravé, demi-rel. mar. rouge, tête dor., non rogné. *37 fr.*

Édition originale. On a ajouté à l'exemplaire le portrait de Th. de Banville sur papier de Chine, avant la lettre ; le portrait de Ch. Asselineau gravé par Flameng ; le dessin original de Bracquemond pour le frontispice et l'eau-forte du même.

40 fr.
Porquet

100. BARBEY D'AUREVILLY. L'Amour impossible. Chronique parisienne, dédiée à la marquise Armance D... V...... *Paris, imprimerie E.-B. Delanchy*, 1841, in-8, mar. bleu, fil., dos orné, tr. dor. (*Belz-Niedrée.*)

Très bel exemplaire de l'édition originale.

92 fr.
Belin

101. BARBEY D'AUREVILLY. Une Vieille Maîtresse. *Paris, A. Cadot*, 1851, 3 vol. in-8, mar. bleu, fil., dos ornés, tr. dor. (*Belz-Niedrée.*)

Très bel exemplaire de l'édition originale, auquel on a ajouté une lettre autographe de Barbey d'Aurevilly adressée à son éditeur.

72 fr.

102. BARBEY D'AUREVILLY. L'Ensorcelée. *Paris, A. Cadot*, 1856, 2 vol. in-8, mar. bleu, fil., dos ornés, tr. dor. (*Belz-Niedrée.*)

Très bel exemplaire de l'édition originale.

4.50

103. BARBEY D'AUREVILLY (J.). Les Quarante médaillons de l'Académie. *Paris, Dentu*, 1864, in-12, demi-rel. mar. rouge, dos et coins, tête dor., non rogné. (*Reymann.*)

10 fr.

104. BARBEY D'AUREVILLY. Œuvres. Les Diaboliques. — Les six premières. *Paris, Lemerre*, 1882, pet. in-12, broché.

Exemplaire tiré sur papier Whatman.

90 fr.

105. BARBIER (AUGUSTE). Iambes. *Paris, U. Canel et Ad. Guyot*, 1832, in-8, mar. rouge jans., dent. int., tr. dor., non rogné. (*Cuzin.*)

Édition originale. Très bel exemplaire.

8 fr.

106. BARBIER (Auguste). Nouvelles Satires. *Paris, Paul Masgana*, 1840, in-8, cart. non rogné.

Édition originale.

33 fr.
Rouquette

107. BARRIÈRE (Théodore). Cendrillon, comédie en cinq actes, en prose. *Paris, Librairie théâtrale*, 1859, in-12, broché. — Le Bout de l'an de l'Amour, causerie à deux. *Paris, Michel Lévy*, 1863, in-12, cart., non rogné. — Barrière (Théodore) et Lorin (Jules). Le Piano de Berthe, comédie-vaudeville en un acte. *Paris, Michel Lévy*, 1852, in-12, cart., non rogné. — Barrière (Théodore) et Lambert Thiboust. Les Filles de marbre, drame en cinq actes. *Paris, Michel Lévy*, 1853, in-12, cart.,

non rogné. — Barrière (Théodore) et Plouvier (Édouard).
L'Outrage, drame en cinq actes. *Paris, Michel Lévy*, 1859,
in-12, cart., non rogné. — Barrière (Théodore) et Sardou
(Victor). Les Gens nerveux, comédie en trois actes. *Paris, Michel Lévy*, 1860, in-12, cart., non rogné. — Barrière (Théodore) et Capendu (Ernest). Les Faux Bonshommes, comédie en quatre actes. *Paris, Michel Lévy*, 1856, in-12, cart.,
non rogné. — L'Héritage de Monsieur Plumet, comédie en
quatre actes. *Paris, Librairie théâtrale*, 1858, in-12, cart.,
non rogné.

Éditions originales avec les couvertures.

108. BARRIÈRE (Théod.). Malheur aux vaincus, comédie en
cinq actes en prose avec une préface. Pièce interdite par la
commission d'examen, *Paris, Michel Lévy*, 1866, in-8, cart.
non rogné.

Édition originale avec la couverture.

8 fr,
Rouquette

109. BARTHÉLEMY. Némésis, satire hebdomadaire. *Paris, Perrotin*, 1833, in-8, demi-rel. veau vert.

2./0

110. BARTHÉLEMY ET MÉRY. Napoléon en Égypte. Waterloo et
le Fils de l'Homme, édition illustrée par Horace Vernet et
H. Bellangé. *Paris, Bourdin, s. d.* (1842), gr. in-8, demi-
rel. mar. bleu, dos et coins, tête dor., non rogné. (*Petit.*)

Première édition. Exemplaire tiré sur papier de Chine avec les figures avant la lettre.

200 fr.

111. BAUDELAIRE (Charles). Les Fleurs du mal. *Paris, Poulet-
Malassis*, 1857, in-12, mar. La Vallière, dent. int., tr. dor.
(*Thibaron-Joly.*)

Très bel exemplaire de l'édition originale, relié sur brochure.

80 fr.

112. BAUDELAIRE (Charles). Les Fleurs du mal. *Paris, Poulet-
Malassis*, 1857, in-12, cart., non rogné.

Édition originale.

30 fr.

113. BAYARD ET J. DE WAILLY. Le Mari à la campagne. *Paris,
Marchant, s. d.* (1844), gr. in-8, broché. — DUMAS (Alex.).
Les Demoiselles de Saint-Cyr, comédie en cinq actes. *Paris,
Marchant*, 1843, gr. in-8, broché. — DUMANOIR. L'École des
agneaux, comédie en un acte en vers. *Paris, Michel Lévy*,
1855, in-12, cart., non rog. — LOCKROY et CORMON. Le

2./0

Chien du jardinier, opéra-comique en un acte. *Paris, Michel Lévy*, 1855, in-12, cart., non rogné.

Éditions originales avec les couvertures.

114. BEAUMARCHAIS. LA FOLLE JOURNÉE ou le Mariage de Figaro, comédie en cinq actes en prose. *De l'imprimerie de la Société littéraire typographique (Kehl), et se trouve à Paris, chez Ruault*, 1785, gr. in-8, papier vélin, mar. rouge doublé de mar. bleu, fil., dent. int., tr. dor. (*Cuzin.*)

272 fr. Conquet

Édition originale. Bel exemplaire auquel on a ajouté les deux suites de figures d'après Saint-Quentin, l'une gravée par Liénard et Lingé, l'autre par Malapeau.

115. BEAUMARCHAIS (Caron de). Le Mariage de Figaro, comédie en cinq actes, dessins de S. Arcos gravés à l'eau-forte par Monziès. *Paris, Librairie des bibliophiles*, 1882, in-8, demi-rel. mar. vert, dos et coins, tête dor., non rogné. (*Cuzin.*)

L'un des 20 exemplaires tirés sur papier de Chine, avec les figures en double état et la couverture.

54 fr. Rouquette

116. BEAUMARCHAIS (Caron de). Le Barbier de Séville, comédie en quatre actes, avec une notice par Auguste Vitu ; dessins de S. Arcos gravés à l'eau-forte par Monziès. *Paris, Librairie des bibliophiles*, 1882, in-8, demi-rel. mar. vert, dos et coins, tête dor., non rogné. (*Cuzin.*)

L'un des 20 exemplaires tirés sur papier de Chine avec les figures en double état et la couverture.

117. BEAUTÉS (les), de l'Opéra, ou Chefs-d'œuvre lyriques illustrés par les premiers artistes de Paris et de Londres, sous la direction de Giraldon avec un texte explicatif rédigé par Th. Gautier, J. Janin et Philarète Chasles. *Paris, Soulié*, 1845, gr. in-8, texte encadré tiré en couleurs, fig. et portraits, cart., non rogné.

38 fr. Conquet

118. BEQUET (Étienne). Marie, ou le Mouchoir bleu, notice littéraire par Ad. Racot, six compositions de Sta, gravées par Abot. *Paris, L. Conquet*, 1884, in-18, demi-rel. mar. bleu, dos et coins, tête dor., non rogné.

14 fr. Conquet

Figures en triple état.

119. BÉRANGER (P.-J. de). CHANSONS MORALES, et autres avec gravures et musique. *Paris, à la librairie d'Alexis Eymery,* 1816, in-18, frontispice et titre gravé, mar. rouge doublé de mar. bleu, compartiments de fil., dos orné, dorure à petits fers, dent. int., tr. dor. (*Cuzin.*)

319 fr,
morgand

Très bel exemplaire de l'édition originale relié sur brochure.

120. BÉRANGER (P.-J. de). Chansons. *Paris, chez les marchands de nouveautés,* 1821, 2 vol. pet. in-12, mar. bleu, fil., dent. int., tr. dor. (*Cuzin.*)

99 fr.

Bel exemplaire, relié sur brochure, de la seconde édition originale contenant 84 chansons nouvelles.

121. BÉRANGER (P.-J. de). Chansons nouvelles. *Paris, chez les marchands de nouveautés,* 1825, in-18, mar. bleu, fil., dent. int., tr. dor. (*Cuzin.*)

65 fr,
conquet

Bel exemplaire relié sur brochure, de la troisième édition originale contenant 53 chansons nouvelles dont l'*Impromptu sur le mariage de Napoléon et de Marie-Louise.*

122. BÉRANGER (P.-J. de). Chansons. *Paris, Baudoin frères,* 1826, 2 tomes en 1 vol. in-18, portrait, mar. bleu, dos orné, fil., tr. dor. (*Hering.*)

33 fr.

123. BÉRANGER (P.-J. de). Chansons inédites. *Paris, Baudoin frères,* 1828, in-18, mar. bleu, fil., dent. int., tr. dor. (*Cuzin.*)

65 fr,
conquet

Bel exemplaire, relié sur brochure, de la quatrième édition originale contenant 34 chansons inédites.

124. BÉRANGER (P.-J. de). Chansons nouvelles et dernières, dédiées à M. Lucien Bonaparte. *Paris, Perrotin,* 1833, in-18, mar. bleu, fil., dent. int., tr. dor. (*Cuzin.*)

60 fr,
conquet

Bel exemplaire, relié sur brochure, de la cinquième édition originale contenant 56 chansons nouvelles.

125. BÉRANGER (P.-J. de). CHANSONS ANCIENNES, nouvelles et inédites, avec des vignettes de Devéria et des dessins coloriés d'Henri Monnier, suivies des procès intentés à l'auteur. *Paris, Baudouin frères,* 1828, 2 vol. in-8. — Chansons nouvelles et dernières dédiées à Lucien Bonaparte. *Paris, Perrotin,* 1833, et Chansons politiques, 1 vol. — Ensemble,

975 fr,
conquet

3 vol. in-8, mar. bleu, compart. de filets sur le dos et sur les plats, dent. int., tr. dor. (*Cuzin*.)

Très bel exemplaire relié sur brochure, contenant la suite des dessins d'Henri Monnier publiés en 1828, lithographiés à la plume et coloriés au pinceau, 40 planches et 4 planches supplémentaires. La suite publiée en 1829-33 par Perrotin, 103 vignettes dess. par Alfred et Tony Johannot, — Charlet. — Grandville, — H. Monnier, etc. Premières épreuves tirées sur papier de Chine, avant la lettre. On a ajouté la seconde planche des Gaulois et des Francs, dess. par Raffet, une seconde planche dess. par Tony Johannot pour le Chapeau de la Mariée et le Fils du Pape en épreuve d'artiste, ensemble 150 pièces.

126. BÉRANGER (P.-J. de). ŒUVRES COMPLÈTES, nouvelle édition revue par l'auteur. *Paris, Perrotin*, 1847, 2 vol. in-8. — Dernières chansons, de 1834 à 1851. *Paris, Perrotin,* 1857, in-8. — Ma Biographie, avec un appendice et des notes, *Paris, Perrotin,* 1860, in-8; ensemble, 4 vol. in-8, mar. bleu, fil., riche reliure à petits fers, dos ornés et coins dorés, dent. intér., tr. dor. (*Cuzin*.)

1,606 fr.
morgand

Superbe exemplaire relié sur brochure avec les couvertures contenant :
La suite des figures dessinées par Grandville, publiée par Fournier, en 1836, 120 figures tirées sur papier de Chine volant. Prédiction de Nostradamus, par Grandville, épreuve sur papier de Chine (fumé). La suite des figures dessinées par Charlet, Lemud, Johannot, etc. Portrait et 52 pièces en double état sur papier blanc avec la lettre et sur papier de Chine avant la lettre. Frontispice dessiné par Lemud, gr. par Pelée, épreuve tirée sur papier de Chine. Portrait de Béranger, gr. par Pannier d'après Sandoz épreuve avec l'ovale. Portrait de Béranger gr. par Massard, d'après Sandoz, épreuve tirée sur papier de Chine. Le Juif errant, gr. par Willmann d'après Lemud, épreuve tirée sur papier de Chine. La suite dess. par Lemud pour les Dernières chansons, 14 pièces en double état sur papier blanc avec la lettre et sur papier de Chine, avant la lettre. La Pâquerette et l'Étoile, épreuve d'artiste avant toute lettre. La Suite dessinée par G. Sandoz et Ém. Wattier pour Ma biographie, 8 pièces, épreuves en triple état avec la lettre sur papier blanc, avant la lettre sur papier de Chine et épreuves d'artiste sur papier de Chine. Portrait en pied et photographie de Béranger. — Ensemble 280 pièces.

127. BÉRAT (Frédéric). Chansons, paroles et musique. Illustrations par T. Johannot, Raffet, Bida, C. Nanteuil, etc. *Paris, A. Curmer, s. d.* (1853), in-8, demi-rel. mar. ch. rouge, non rogné.

28 fr.
Rouquette

Avec envoi autographe de l'auteur : A son ami Amédée Achard.

128. BERNARD (P.) et L. Couailhac. Le Jardin des Plantes, des-

cription complète historique et pittoresque du Muséum d'histoire naturelle. *Paris, L. Curmer,* 1842, 2 vol. gr. in-8, fig., brochés.

Première édition.

27 fr. Conquet

129. BERTALL. La Comédie de notre temps. — La Civilité. — Les Mœurs. — Les Coutumes. — Les Manières et les Manies de notre époque. — Les Enfants. — Les Jeunes. — Les Mûrs. — Les Vieux, études au crayon et à la plume. *Paris, Plon,* 1874-75, 2 vol. gr. in-8, demi-rel. mar. grenat, dos et coins, tête dor., non rognés.

130. BERTALL. La Vie hors de chez soi (comédie de notre temps). — L'Hiver. — Le Printemps. — L'Été. — L'Automne, études au crayon et à la plume. *Paris, Plon,* 1876, gr. in-8, demi-rel. mar. grenat, dos et coins, tête dor., non rogné.

131. BERTALL. La Vigne. — Voyage autour des vins de France, étude physiologique, anecdotique, historique, humoristique et même scientifique. *Paris, Plon,* 1878, gr. in-8, demi-rel. mar. grenat, dos et coins, tête dor., non rogné.

116 fr. Conquet

132. BERTRAND (Louis). Gaspard de la nuit, fantaisies à la manière de Rembrandt et de Callot, précédé d'une notice par Sainte-Beuve. *Angers, impr. de V. Pavie,* 1842, gr. in-8, cart. non rogné.

Édition originale, à laquelle on a ajouté le frontispice de Rops pour la seconde édition épreuve en double état tirée sur papier de Chine et de Hollande.

41 fr. Rouquette

133. BIBLIOTHÈQUE ROSE illustrée. *Paris, Hachette, s. d.,* 62 vol. in-12, brochés.

Exemplaire tiré sur papier de Chine contenant les œuvres de MM. A. Achard Barrau, W. de Fonvielle, Girardin, Hervé, Muller, Mayne-Reid, Swift, Taulier et de Mmes Alcott, Carnaud, Edgeworth, Fleuriot, Csse de Ségur, Stolz, de Witt, etc.

160 fr. Conquet

134. BLANC (Ch.). Histoire des peintres de toutes les écoles depuis la Renaissance jusqu'à nos jours. *Paris, Veuve Renouard,* 1861-1877, 14 vol. in-4, demi-rel. mar. rouge, dos et coins, tête dor., non rognés. *(Reymann.)*

École allemande, 1 vol., — anglaise, 1 vol., — espagnole, 1 vol., — flamande, 1 vol., — française, 3 vol., — hollandaise, 2 vol., — bolonaise, 1 vol., — florentine, 1 vol., — milanaise, 1 vol., — ombrienne et romaine, 1 vol., — vénitienne, 1 vol.

491 fr. Greppe

8f fr.
Conquet

135. BLANC (Ch.). L'œuvre de Rembrandt, décrit et commenté, catalogue raisonné de toutes les estampes du maître et de ses peintures, orné de bois gravés, de 40 eaux-fortes de Flameng, et de 35 héliogravures d'Amand Durand. *Paris, A. Lévy,* 1873, 2 vol. in-4, brochés.

41 fr.
Conquet

136. BOCCACE. Contes (le Décaméron). Traduits de l'italien et précédés d'une notice historique par A. Barbier. Vignettes par Tony Johannot, H. Baron, Eug. Laville, C. Nanteuil, Grandville, Geoffroi, etc. *Paris, Barbier,* 1846, gr. in-8, demi-rel. mar. rouge, dos et coins, tête dor., non rogné. (*Reymann.*)

Exemplaire de premier tirage, avec la couverture.

115 fr.
Rouquette

137. BOCCACE. Les Dix Journées, traduction de Le Maçon, réimprimées par les soins de D. Jouaust, avec notice, notes et glossaire par P. Lacroix, onze eaux-fortes de Léopold Flameng. *Paris, Librairie des bibliophiles,* 1873, 4 vol. in-8, demi-rel. mar. orange, dos et coins, tête dor., non rognés. (*Cuzin.*)

L'un des 15 exemplaires tirés sur papier de Chine avec les figures avant la lettre et les couvertures.

86 fr.
Conquet

138. BOILEAU. Œuvres poétiques avec des notices par M. Poujoulat; eaux-fortes par V. Foulquier. *Tours, A. Mame,* 1870, gr. in-8, demi-rel. mar. bleu, dos et coins, tête dor., non rogné.

Bel exemplaire tiré sur papier vergé, auquel on a ajouté le tirage à part des eaux-fortes de V. Foulquier en épreuves d'artiste.

69 fr.
morgand

139. BOREL (Pétrus). Rhapsodies. *Paris, Levavasseur,* 1832, pet. in-8, frontispice de Bouchardy et deux lithographies par Napol, demi-rel. mar. brun, dos et coins, tête dor., non rogné. (*Reymann.*)

Édition originale, avec la couverture.

4.10
Rouquette

140. BORNIER (Henri de). Les Noces d'Attila. Drame en quatre actes, en vers. *Paris, Dentu,* 1880, gr. in-8, cart., non rogné.

Édition originale, avec la couverture. Envoi autographe de l'auteur à Ed. Fournier.

141. BOUILHET (Louis). Madame de Montarcy. Drame en cinq actes, en vers. *Paris, Michel Lévy,* 1856, in-12, cart., non

rogné. — Hélène Peyron. Drame en cinq actes, en vers. *Paris, Taride*, 1858, in-12, cart., non rogné. — Mademoiselle Aïssé. Drame en quatre actes, en vers. *Paris, Michel Lévy*, 1872, in-12, broché.

Éditions originales, avec les couvertures.

142. BRANTÔME. Les Sept Discours touchant les dames galantes, publiés sur les manuscrits de la Bibliothèque nationale par Henri Bouchot. Dessins d'Edouard de Beaumont gravés par E. Boilvin. *Paris, Librairie des bibliophiles*, 1882, 3 vol. in-8, demi-rel. mar. orange, dos et coins, tête dor., non rognés. (*Cuzin*.)

L'un des 20 exemplaires tirés sur papier de Chine avec les figures en triple état et les couvertures.

143. BRIFFAULT (Eugène). Paris dans l'eau, illustré par Bertall. *Paris, Hetzel,* 1844, in-8, demi-rel. mar. bleu, dos et coins, tête dor., non rogné.

Avec la couverture.

144. BRIFFAULT (Eug.). Paris à table, illustré par Bertall. *Paris, Hetzel,* 1846, in-8, demi-rel. mar. bleu, dos et coins, tête dor., non rogné.

Avec la couverture.

145. BRILLAT-SAVARIN. Physiologie du goût, ou Méditations de gastronomie transcendante, ouvrage théorique, historique et à l'ordre du jour. Dédié aux gastronomes parisiens par un professeur membre de plusieurs sociétés littéraires et savantes. *Paris, Sautelet et Cie ,* 1826, 2 vol. in-8, cart., non rognés.

Édition originale.

146. BRILLAT-SAVARIN. Physiologie du goût, illustrée par Bertall, précédée d'une notice biographique par Alph. Karr. *Paris, G. de Gonet, s. d.,* gr. in-8, demi-rel. mar. vert, dos et coins, tête dor., non rogné. (*Reymann*.)

147. BRILLAT-SAVARIN. Physiologie du goût, avec une préface par Ch. Monselet. Eaux-fortes par Ad. Lalauze. *Paris, Librairie des bibliophiles,* 1879, 2 vol. in-8, demi-rel. mar. rouge, dos et coins, tête dor., non rognés. (*Cuzin*.)

L'un des 20 exemplaires tirés sur papier de Chine avec les couvertures.

148. BRIZEUX. Marie. Poème. *Paris, Paulin et Eug. Renduel,* 1836, in-8, demi-rel. mar. bleu, dos et coins, tête dor., non rogné. (*Behrends.*)

20 fr.

149. BRIZEUX (A.). Les Bretons. Poème. *Paris, Paul Masgana,* 1845, in-8, demi-rel. mar. bleu, dos et coins, tête dor., non rogné. (*Perreau.*)

10 fr.

Édition originale.

150. CADOL (Édouard). Les Inutiles. Comédie en quatre actes. *Paris, Librairie internationale,* 1868, in-12, cart., non rogné.

6 fr.

Édition originale.

151. CAHIER DES CHARGES des chemins de fer, pamphlet illustré par Bertall. *Paris, Hetzel,* 1847, in-8, cart., non rogné.

3 fr.

Avec la couverture.

152. CARICATURE (la) politique, morale, littéraire et scénique. Journal fondé et dirigé par Ch. Philipon, de l'origine, 4 novembre 1830, au 27 août 1835, 251 numéros. *Paris, Aubert,* 10 tomes en 5 vol. gr. in-4, demi-rel. mar. brun, dos et coins, tête dor., non rognés. (*Reymann.*)

999 fr.

Très bel exemplaire de cette collection rare et curieuse contenant 524 planches noires et coloriées, plus les 24 planches de la *Lithographie mensuelle*; ensemble 548 planches dess. par Ch. Philipon, Daumier, Traviès, Bellangé, Charlet, Grandville, etc.

153. CATALOGUE de 43 tableaux de maîtres anciens de la collection de M. le comte Koucheleff Besborodko. *Paris,* 1869, gr. in-8, broché.

4 fr.

15 planches gravées à l'eau-forte.

154. CATALOGUE des collections de San Donato. Tableaux, marbres, dessins, aquarelles et miniatures. *Paris,* 1870, gr. in 8, broché.

9 fr.

41 planches gravées à l'eau-forte.

155. CATALOGUE de la collection Patúrle. Tableaux modernes. *Paris,* 1872, gr. in-8, broché.

2 fr.

12 planches gravées à l'eau-forte.

156. CATALOGUE des tableaux anciens et modernes des diverses

écoles composant la galerie de MM. Pereire. *Paris*, 1872, gr. in-8, broché.
> 46 planches gravées à l'eau-forte. Avec la table des prix.

7 fr.

157. CATALOGUE des tableaux composant la galerie de M. le marquis de La Rocheb.... *Paris,* 1873, in-4, broché.
> 34 planches gravées à l'eau-forte.

9 fr.

158. CATALOGUE de tableaux modernes composant la collection de M. Faure. *Paris*, 1873, gr. in-8, broché.
> 28 planches gravées à l'eau-forte.

6 fr.

159. CATALOGUE des tableaux modernes composant la collection de M. H.... *Paris*, 1875, gr. in-8, broché.
> 67 planches dont 64 gravées à l'eau-forte.

8 fr.

160. CATALOGUE de tableaux peints par 12 artistes. *Paris*, 1875, gr. in-8, broché.
> 12 planches gravées à l'eau-forte.

1.50

161. CATALOGUE des tableaux modernes de M. Ed. L. Jacobson, de La Haye. *Paris,* 1876, gr. in-8, broché.
> 20 planches gravées à l'eau-forte.

3.50

162. CATALOGUE de tableaux et dessins formant la collection de feu M. Camille Marcille. *Paris,* 1876, gr. in-8, broché.
> 8 planches gravées à l'eau-forte.

2 fr.

163. CATALOGUE des tableaux anciens composant la collection de M. Schneider. *Paris,* 1876, gr. in-8, broché.
> 23 planches gravées à l'eau-forte.

8 fr.

164. CATALOGUE de tableaux de premier ordre des écoles hollandaise et flamande composant la collection de M. J. de Lissingen. *Paris,* 1876, gr. in-8, broché.
> 12 planches gravées à l'eau-forte.

3.50

165. CATALOGUE de 44 tableaux études et esquisses par le chevalier Alfred de Knyff. *Paris,* 1876, gr. in-8, broché.
> 6 planches gravées à l'eau-forte.

2.50

166. CATALOGUE des 24 tableaux anciens et modernes composant la collection de M. Scharf. *Paris,* 1876, gr. in-8, broché.
> 4 planches gravées à l'eau-forte.

2.50

167. CATALOGUE de tableaux peints par Daliphard. — Dau-

1. /0

bigny. — Feyen-Perrin. — Hanoteau. — G. Jundt. — La-
postolet. — Louis Lemaire. — Mouillon. — Potémont.
— Berthon. — Ribot, etc. *Paris,* 1876 et 1877, 2 vol. gr.
in-8, brochés.

20 planches gravées à l'eau-forte.

7. /0

168. CATALOGUE de tableaux de premier ordre des écoles ita-
lienne, flamande, allemande, espagnole, anglaise et française de Mme B***. *Paris,* 1877, gr. in-8, broché.

20 planches gravées à l'eau-forte.

6. /0

169. CATALOGUE de la vente Sedelmeyer, comprenant ses tableaux modernes des écoles française et étrangères. *Paris,*
1877, gr. in-8, broché.

29 planches gravées à l'eau-forte.

5 fr.

170. CATALOGUE des tableaux de l'école moderne, tableaux
anciens, marbres, etc., composant la collection de M. Op-
penheim. *Paris,* 1877, gr. in-8, broché.

22 planches gravées à l'eau-forte.

2. /0

171. CATALOGUE de tableaux modernes formant une partie de
la collection de M. le baron J. de H.... *Paris,* 1877, gr. in-8,
broché.

13 planches gravées à l'eau-forte.

5 fr.

172. CATALOGUE de 34 tableaux modernes provenant de la collection de M. Suermont. *Paris,* 1877, in-4, broché.

3 planches gravées à l'eau-forte.

7 fr.

173. CATALOGUE de tableaux modernes et anciens composant
la collection Laurent Richard. *Paris,* 1878, gr. in-8, broché.

33 planches gravées à l'eau-forte.

4 fr.

174. CATALOGUE des tableaux, esquisses, études, dessins par
feu Paul Huet. *Paris,* 1878, gr. in-8, broché.

Exemplaire tiré sur papier de Hollande avec 8 planches gravées à
l'eau-forte ; épreuves avant la lettre.

1. /0

175. CATALOGUE de tableaux modernes et anciens formant la
collection de M. A. Saucède. *Paris,* 1879, gr. in-8, broché.

8 planches gravées à l'eau-forte.

176. CATALOGUE de tableaux anciens de l'école hollandaise

formant la collection de M. M. K..... *Paris*, 1879, gr. in-8, broché.

11 planches gravées à l'eau-forte.

177. CATALOGUE de tableaux modernes appartenant à MM. L.... de New-York et Hermann, de Paris. *Paris*, 1879, gr. in-8, broché.

8 planches gravées à l'eau-forte.

178. CATALOGUE de la Société d'aquarellistes français; première, deuxième et quatrième exposition, 1879, 1880, 1882. *Paris, Jouaust*, 1879-82, 3 vol. gr. in-8, brochés.

Nombreuses figures.

179. CATALOGUE de dessins anciens et modernes, aquarelles et miniatures formant la collection de M. Mahérault. *Paris*, 1880, gr. in-8, broché.

7 planches gravées à l'eau-forte.

180. CATALOGUE de tableaux anciens et modernes, livres d'art, formant la collection de feu M. François Nieuwenhuys. *Paris*, 1881, gr. in-8, broché.

7 planches gravées à l'eau-forte.

181. COLLECTION de M. John. W. Wilson, exposée dans la galerie du cercle artistique et littéraire de Bruxelles. *Paris, J. Claye*, 1873, in-4, demi-rel. mar. rouge, dos et coins, tête dor., non rogné.

Exemplaire tiré sur papier Whatman. 68 eaux-fortes.

182. CAVAIGNAC (Godefroy). Dubois cardinal. Proverbe historique. — Une tuerie de Cosaques. Scènes d'invasion. *Paris, Vᵉᵉ Ch. Béchet*, 1831, in-8, cart., non rogné.

183. CAZOTTE (J.). Le Diable amoureux. Roman fantastique, précédé de sa vie, de son procès et de ses prophéties et révélations, par Gérard de Nerval. Illustré de 200 dessins par Ed. de Beaumont. *Paris, L. Ganivet*, 1845, gr. in-8, demi-rel. mar. orange, dos orné, coins, tête dor., non rogné. (*Reymann*.)

Avec la couverture.

184. CENT NOUVELLES NOUVELLES (les), avec notice, notes et glossaire, par M. Paul Lacroix, dessins gravés de Jules

Garnier. *Paris, Librairie des bibliophiles*, 1874, 4 vol. in-8, demi-rel. mar. rouge, dos et coins, tête dor., non rognés. (*Cuzin.*)

94 fr. *couquet*

L'un des 15 exemplaires tirés sur papier de Chine avec les figures en double état et les couvertures.

185. CERVANTÈS (Miguel de). L'Ingénieux Hidalgo don Quichotte de la Manche, traduit et annoté par Louis Viardot. Vignettes de Tony Johannot. *Paris, J.-J. Dubochet et Cie*, 1836, 2 vol. gr. in-8, mar. noir, tête dor., non rognés.

285 fr. *conquet*

Exemplaire tiré sur papier de Chine. — Sur le titre, le cachet de la bibliothèque de San Donato.

186. CERVANTÈS. L'Ingénieux Chevalier don Quichotte de la Manche. Traduction nouvelle. Illustré par J.-J. Grandville. *Tours, Mame*, 1848, 2 vol. in-8, demi-rel. mar. bleu, dos et coins, tête dor., non rognés. (*Reymann.*)

85 fr.

Très bel exemplaire, avec les couvertures.

187. CHAM, DAUMIER ET CH. VARNIER. Les Zouaves. — Au bivouac, croquis militaires. — En Italie. — Au Quartier latin. — La Crinolinomanie. *Paris, au bureau du Charivari, s. d.* 5 albums in-4, cart.

39 fr.

Ensemble, 125 planches noires et coloriées.

188. CHAMPFLEURY. Chien-Caillou. Fantaisies d'hiver. *Paris, Martinon*, 1847, in-12, demi-rel. mar. vert. non rogné.

11 fr.

Édition originale avec la couverture.

189. CHAMPFLEURY. Feu Miette. Fantaisies d'été. *Paris, Martinon et Sartorius*, 1847, in-12, demi-rel. mar. vert, non rogné.

8 fr.

Édition originale avec la couverture.

190. CHAMPFLEURY. Les Bourgeois de Molinchart. *Paris, Locard-Davi et de Vresse*, 1855, 3 vol. in-8, cart. non rognés.

21 fr. *morgand*

Édition originale.

191. CHAMPFLEURY. Grandeur et décadence d'une serinette. Simple histoire d'un rentier et d'un lampiste. — La Légende de saint Crépin, le cordonnier. — La Chanson du beurre dans la marmite, illustré par Desbrosses. *Paris, E. Blanchard*, 1857, in-8, cart., non rogné.

2.50

Avec la couverture.

192. Champfleury. Monsieur Tringle. Avec une carte des événements. *Paris, Dentu*, 1866, pet. in-12, mar. rouge jans., dent. int., tr. dor. (*Marius Michel.*)

Édition originale. Exemplaire tiré sur papier vélin, avec la couverture. Envoi autographe de l'auteur: « A mon cher confrère Duchêne. »

38 fr.
conquet

193. Champfleury. Histoire de la caricature antique. *Paris, Dentu*, 1867, in-12, demi-rel. mar. vert, non rogné.

Envoi d'auteur à Poulet-Malassis.

6 fr.
conquet

194. Champfleury. Ma tante Péronne. *Paris, A. Faure*, 1867, in-12, mar. bleu jans., dent. int., tr. dor. (*Marius Michel.*)

Bel exemplaire de l'édition originale, auquel on a ajouté deux lettres autographes, signées de Champfleury, à Alb. de La Fizelière et la préface en épreuve avec les corrections de l'auteur.

44 fr.
couquet

195. Champfleury. Les Chats. Histoire, mœurs, observations, anecdotes. Illustré de 52 dessins par Eug. Delacroix, Viollet-le-Duc, Mérimée, Manet, Prisse d'Avennes, Ribot, Kreutzberger, Mind, Ok'sai, etc. *Paris, Rothschild*, 1869, in-12, demi-rel. mar. vert, non rogné.

Édition originale. Envoi d'auteur à Poulet-Malassis.

19 fr.

196. Champfleury. Histoire de l'imagerie populaire. *Paris, Dentu*, 1869, in-12, demi-rel. mar. vert, non rogné.

Envoi à Poulet-Malassis; une lettre autographe de l'auteur est jointe au volume.

9 fr.
couquet

197. Champfleury. Le Violon de faïence. L'Avocat qui trompe son client, etc. *Paris, Hetzel, s. d.*, in-12, demi-rel. mar. vert, tête dor., non rogné. (*Amand.*)

Édition originale. Envoi d'auteur signé à Malassis.

15 fr.

198. Champfleury. Le Violon de faïence. Dessins en couleur par E. Renard. Eaux-fortes par J. Adeline. *Paris, Dentu*, 1877, in-8, mar. bleu, compart. de filets sur le dos et sur les plats, dent. int., tr. dor. (*Marius Michel.*)

Exemplaire tiré sur papier fort avec figures, vignettes, fleurons et culs-de-lampe coloriés.

70 fr.
morgand

199. Champfleury. Le Violon de faïence. Nouvelle édition, illustrée de 34 eaux-fortes de Jules Adeline. *Paris, L. Conquet*, 1885, in-8, broché.

Exemplaire imprimé sur papier du Japon, avec les vignettes tirées à part, épreuves en double état.

82 fr.
conquet

200. CHAMPFLEURY. Les bons comptes font les bons amis. Dessins par E. Morin. *Paris, Truchy, s. d.*, gr. in-8, cart., non rogné.

Avec la couverture.

7 fr.

201. CHANSON DE ROLAND (la). Traduction nouvelle rythmée et assonancée. Avec une introduction et des notes par L. Petit de Julleville. *Paris, Lemerre*, 1878, in-8, papier de Hollande, broché.

6 fr.

202. CHANTS ET CHANSONS POPULAIRES de la France. *Paris, H. L. Delloye*, 1843, 3 vol. gr. in-8, cart., non rognés.

Première édition avec les couvertures.

345 fr.
Conquet

203. CHASLES (Philarète). Caractères et Paysages. *Paris, Mame-Delaunay*, 1833, in-8, eau-forte de T. Johannot, mar. violet, filets, tr. jas.

7 fr.

204. CHASLES (Philarète). Révolution d'Angleterre. Charles Ier, sa cour, son peuple et son parlement, 1630 à 1660. Histoire anecdotique et pittoresque du mouvement social et de la guerre civile en Angleterre, au XVIIe siècle, 18 grav. sur acier d'après Van Dyck, Rubens et Cattermole. *Paris, Vve Louis Janet, s. d.* (1844), gr. in-8, mar. vert, dos et coins, tête dor., non rogné.

Avec la couverture.

15 fr.

205. CHATEAUBRIAND. Atala, avec les dessins de Gustave Doré. *Paris, Hachette*, 1863, in-fol., cart., non rogné.

De la bibliothèque de Paul de Saint-Victor.

19 fr.
Rouquette

206. CHEFS-D'ŒUVRE D'ART (les) au Luxembourg, publiés sous la direction de Montrosier avec le concours littéraire de Th. de Banville, Coppée, Claretie, Daudet, Mistral, Yriarte, etc. Poésies d'Ad. Dézamy. *Paris, L. Baschet*, 1881, in-fol., demi-rel. mar. bleu, dos et coins, tête dor., non rogné.

Exemplaire tiré sur papier du Japon avec les 41 planches. Épreuves avant la lettre.

84 fr.
Porquet

207. CHÉNIER (André de). Œuvres complètes. *Paris, Baudoin*, 1819, in-8, mar. rouge jans., dent. int., tr. dor. (*Cuzin.*)

Édition originale. Très bel exemplaire relié sur brochure.

(S'était vendu 155 fr. à la Vme Le Barbier de Tinan)

121 fr.
Rouquette

208. Chénier (André de). Œuvres complètes. *Paris, Baudoin,* 1819, in-8, mar. bleu jans., dent. int., tr. dor. (*Cuzin.*)
Édition originale.

66 fr.

209. Chevigné (comte de). La Chasse et la Pêche. Suivies de poésies diverses. *Rheims,* 1832, pet. in-12, mar. violet, tr. dor. (*Bonnaud.*)
Édition originale des Contes Rémois. Envoi autographe, en prose et en vers, signé de l'auteur, à son ami Turpin.

50 fr.
conquet

210. CHEVIGNÉ (comte de). LES CONTES RÉMOIS. Dessins (34) de E. Meissonier. *Paris, Michel Lévy,* 1858, gr. in-8, demi-rel. mar. citron, dos orné avec mosaïque, coins, tête dor., non rogné (*Behrends.*)
L'un des 40 exemplaires tirés de format in-8 sur grand papier de Hollande, contenant les vignettes sur papier de Chine.

190 fr.

211. Chevigné (comte de). Les Contes Rémois. Dessins de E. Meissonier. *Paris, Michel Lévy,* 1858, in-12, demi-rel. mar. vert, tête dor., non rogné.
Exemplaire de premier tirage des figures de Meissonier.

47 fr.

212. Chevigné (comte de). Les Contes Rémois, deuxième édition, précédée de la Muse champenoise par Louis Lacour. Dessins de Jules Worms gravés à l'eau-forte par Paul Ragois. *Paris, Librairie des bibliophiles,* 1877, in-8, demi-rel. mar. orange, dos et coins, tête dor., non rogné. (*Cuzin.*)
L'un des 20 exemplaires tirés sur papier de Chine avec les figures en double état et la couverture.

40 fr.

213. Choix de caricatures politiques parues depuis la Révolution de février 1848, par H. Daumier. *Paris, Aubert, s. d.,* 3 albums in-4, 62 portraits de représentants du peuple, coloriés, cart., non rognés.

50 fr. (?)
Porquet

214. Clairville, Siraudin et Koning. La Fille de Mme Angot, opéra-comique en 3 actes, musique de M. C. Lecocq, édition illustrée par Grévin et Hadol, avec notice de J. Claretie. *Paris, Polo,* 1875, gr. in-8, broché.
Avec la couverture.

6.10
conquet

215. Claretie (Jules). Le Renégat, roman contemporain. *Paris, Dentu, s. d.,* in-12, broché.
Édition originale avec la couverture.

2.10

2.50

216. CLARETIE (Jules). Monsieur le Ministre, comédie en 5 actes en prose. *Paris, Dentu*, 1883, in-8, broché.

Édition originale avec la couverture.

96 fr.
Conquet

217. CLASSIQUES (les) de la Table, à l'usage des praticiens et des gens du monde, etc. *Paris, 'Dentu*, 1843, in-8, fig. et portraits, broché.

24 fr.
Conquet

218. CLÉMENT (Ch.). Prud'hon. Sa vie, ses œuvres et sa correspondance. *Paris, Didier*, 1872, gr. in-8, avec portrait et 30 gravures, broché.

Provenant de la bibliothèque de Paul de Saint-Victor.

11 fr.

219. CLÉMENT (Ch.). Géricault. Étude biographique et critique, avec le catalogue raisonné de l'œuvre du maître. *Paris, Didier*, 1879, gr. in-8, portrait et 30 planches, broché.

Provenant de la bibliothèque de Paul de Saint-Victor.

28 fr.

220. CLER (Albert). La Comédie à cheval, ou Manies et travers du monde équestre, Jockey-Club, Cavalier, Maquignon, Olympique, etc. Illustré par Charlet, T. Johannot, Eug. Giraud et A. Giroux. *Paris, E. Bourdin, s. d.*, in-12, cart., non rogné.

Avec la couverture.

1 fr.
Porquet

221. COHEN (H.). Guide de l'amateur de livres à vignettes du xviiiᵉ siècle. *Paris, Rouquette*, 1880, gr. in-8, broché.

37 fr.
Porquet

222. COMIC ALMANACK (le). Keepsake comique pour 1842, par MM. de Balzac, F. Soulié, Maurice Alhoy, P. de Kock, P. Durand (du Siècle), L. Huart, Ed. Lemoine, Ourliac, E. Marco de Saint-Hilaire, H. Monnier, J. Rousseau, etc., orné de 12 gravures à l'eau-forte sur acier par Trimolet, et d'un grand nombre de dessins comiques dans le texte par Ch. Vernier. *Paris, Aubert et Cⁱᵉ, s. d.*, in-12, fig., cartonnage illustré, tr. dor.

21 fr.
Porquet

223. COMIC ALMANACK (le). Keepsake comique pour 1843, par Louis Huart, orné de 12 gravures à l'eau-forte sur acier, par Trimolet, et d'un grand nombre de dessins comiques dans le texte par Ch. Vernier. *Paris, Aubert et Cⁱᵉ, s. d.*, in-12, fig., cartonnage illustré, tr. dor.

224. Coppée (François). Premières poésies. — Le Reliquaire. — Poèmes divers. — Intimités. *Paris, Lemerre,* 1869, in-12, broché.

Édition originale avec la couverture.

7 fr.

225. Coppée (François). Poèmes modernes. *Paris, Lemerre,* 1869, in-12, broché.

Édition originale, avec la couverture.

6./o

226. COPPÉE (François). POÉSIES, 1864-1872. — Le Reliquaire. — Poèmes divers. — Intimités. — Poèmes modernes. — La Grève des forgerons. — Les Humbles. — Promenades et Intérieurs, etc. *Paris, Alph. Lemerre,* 1883, in-4, mar. bleu, fil., dent. intér., dos orné, tr. dor. (*Cuzin.*)

Superbe exemplaire tiré sur papier de Chine, orné de la suite des eaux-fortes dess. et grav. par Boilvin, épreuves avant la lettre en double état sur papier de Chine et papier du Japon, auquel on a ajouté 48 pièces épreuves d'essai en divers états se décomposant comme suit : Vers le passé, 6 pièces. — La Trève, 4 pièces. — Le Fils des armures, 3 pièces. — Intimités, 7 pièces. — Le Banc, 4 pièces. — La Grève des forgerons, 5 pièces. — La Nourrice, 10 pièces. — Lettre d'un mobile, 2 pièces. — Le Pêcheur, 5 pièces. — Cul-de-lampe, 2 pièces.

380 fr.
Claudin

227. Coppée (François). Le Naufragé, poème dit par M. Coquelin aîné. *Paris, Lemerre,* 1878, in-12, demi-rel. mar. bleu, cart., non rogné.

Édition originale. Exemplaire tiré sur papier de Chine.

3./o
Courselot

228. Coppée (François). Le Passant, comédie en un acte, en vers. *Paris, Lemerre,* 1869, in-12, demi-rel. mar. bleu, non rogné.

Édition originale. Exemplaire tiré sur papier de Chine.

10 fr.
Conquet

229. Coppée (François). Le Passant, comédie en un acte, en vers. *Paris, Lemerre,* 1869, in-12, broché. — Fais ce que dois. Épisode dramatique. *Paris, Lemerre,* 1871, in-12, broché. — Le Luthier de Crémone. *Paris, Lemerre,* 1876, in-12, broché.

Éditions originales, avec les couvertures.

8 fr.

230. Coppée (François). L'Abandonnée, drame. *Paris, A. Lemerre,* 1871, in-12, demi-rel. mar. bleu, non rogné.

Édition originale. Exemplaire tiré sur papier de Chine.

4./o

4 fr.

231. Coppée (François). Prologue d'ouverture pour les matinées littéraires et musicales de la Gaîté. *Paris, A. Lemerre,* 1874, in-12, demi-rel. mar. bleu, non rogné.

Édition originale. Exemplaire tiré sur papier de Chine.

8 fr.
Conquet

232. Coppée (François). Le Trésor, comédie en un acte en vers. *Paris, Lemerre,* 1879, in-12, broché.

Édition originale avec la couverture. Envoi autographe de l'auteur à Coquelin cadet.

3.50

233. Coppée (François). La Veillée, poème. *Paris, A. Lemerre,* 1879, in-12, cart., non rogné. — Madame de Maintenon, drame en cinq actes en vers. *Paris, A. Lemerre,* 1881, in-12, broché.

Éditions originales avec les couvertures.

19 fr.
Conquet

234. Cormenin (de). Entretiens de village. Illustrés de 40 gravures dessinées par Daubigny, gravées par Mlles Laisné. *Paris, Pagnerre,* 1847, in-12, broché.

Premier tirage des gravures, avec la couverture.

80 fr. ?

235. Correctionnelle (la). Petites causes célèbres, études de mœurs populaires au xixe siècle, accompagnées de 100 dessins par Gavarni. *Paris, Martinon,* 1840, in-4, cart., non rogné.

Avec la couverture.

5.50
Conquet

236. Crémieux (Hector). Orphée aux enfers. Opéra-bouffon en deux actes et quatre tableaux. Musique de Jacques Offenbach. Édition illustrée de 8 dessins par Ed. Morin, gravés par H. Linton. *Paris, Librairie nouvelle,* 1860, in-12, cart., non rogné.

Avec la couverture.

21 fr.
Conquet

237. Croix de Berny (la), par le vicomte Charles de Launay, Théophile Gautier, Jules Sandeau, Méry. *Paris, Pétion,* 1846, 2 vol. in-8, brochés.

Édition originale avec les couvertures.

32 fr.
Conquet

238. Cuendias (Manuel de) et de Feréal. L'Espagne pittoresque artistique et monumentale. Mœurs, usages et costumes. Illustrations par Cél. Nanteuil. *Paris, Librairie ethnographique,*

— 33 —

s. *d.* (1848), grand in-8, fig. noires et coloriées, mar. bleu, dos et coins, tête dor., non rogné.

239. **Dante Alighieri.** L'Enfer avec les dessins de Gustave Doré. Traduction française de Pier-Angelo Fiorentino. *Paris, Hachette,* 1861, in-fol., mar. rouge à la Du Seuil, dos orné, dent. int., tr. dor. (*David.*)

105 fr.
fontaine

Exemplaire avec les planches tirées sur papier de Chine.

240. **Dapper (O.).** Description exacte des Isles de l'Archipel et de quelques autres adjacentes dont les principales sont Chypre, Rhodes, Candie, Samos, Chio, Négrepont, Lemnos, Paros, Delos, Patmos, avec un grand nombre d'autres. Traduite du flamand. *Amsterdam, George Gallet,* 1703, in-fol. front., fig. et cartes, mar. vert, dos orné, fil., tr. dor. (*Rel. anc.*)

16 fr.
morgand

241. **Daudet (Alphonse).** Aventures prodigieuses de Tartarin de Tarascon. *Paris, Dentu,* 1872, in-12, broché.

58 fr.
Saulset

Édition originale. Envoi autographe de l'auteur à E. Bergerat.

242. **Daudet (Alphonse).** Contes du lundi. *Paris, Lemerre,* 1873, in-12, demi-rel. mar. violet jans., dos et coins, tête dor., non rogné.

28 fr.
couquet

Édition originale, exemplaire tiré sur papier de Chine.

243. **Daudet (Alphonse).** Contes du lundi. *Paris, Lemerre,* 1873, in-12, broché.

17 fr.
couquet

Édition originale avec la couverture. Envoi de l'auteur à E. Bergerat.

244. **Daudet (Alphonse).** Robert Helmont, études et paysages. *Paris, Dentu,* 1874, in-12, broché.

9 fr.
couquet

Édition originale avec la couverture.

245. **Daudet (Alphonse).** Fromont jeune et Risler aîné, mœurs parisiennes. *Paris, Charpentier,* 1874, in-12, broché.

27 fr.
couquet

Édition originale.

246. **Daudet (Alphonse).** Contes choisis (La fantaisie et l'histoire), avec eaux-fortes par Ed. Morin. *Paris, Charpentier,* 1877, in-12, broché.

1,50

3

247. DAUDET (Alphonse). Les Rois en exil, roman parisien. *Paris, Dentu,* 1879, in-12, demi-rel. mar. vert jans., tête dor., non rogné.

16 fr.
Rouquette

Édition originale, exemplaire tiré sur papier de Hollande.

248. DAUDET (Alphonse). Les Rois en exil, roman parisien. *Paris, Dentu,* 1879, in-12, broché.

8 fr.

Édition originale avec la couverture.

249. DAUDET (Alphonse). Numa Roumestan, mœurs pari-siennes. *Paris, Charpentier,* 1881, in-12, broché.

4 fr.

Édition originale.

250. DAUDET (Alphonse). L'Évangéliste, roman parisien. *Pa-ris, Dentu,* 1883, in-12, broché.

1.50

Édition originale.

251. DAUDET (Alphonse). Fromont jeune et Risler aîné. Mœurs parisiennes. Douze compositions de Em. Bayard, gravées à l'eau-forte par J. Massard. *Paris, L. Conquet,* 1885, 2 vol. in-8, brochés.

100 fr.
Conquet

L'un des 150 exemplaires tirés sur grand papier du Japon, avec les eaux-fortes, épreuves en triple état, eau-forte pure, avant la lettre et avec la lettre.

252. DAVILLIER (Ch.). L'Espagne illustrée de 309 gravures dessinées sur bois par Gustave Doré. *Paris, Hachette,* 1874, in-4, demi-rel. mar. brun jans., tête dor., non rogné.

103 fr.

253. DE FOÉ (Daniel). Aventures de Robinson Crusoé. Tra-duction nouvelle. Édition illustrée par Grandville. *Paris, H. Fournier,* 1840, gr. in-8, demi-rel. mar. vert, dos et coins, tête dor., non rogné. (*Reymann.*)

95 fr.

Bel exemplaire avec la couverture.

254. DE FOÉ (Daniel). Vie et aventures de Robinson Crusoé, traduction de Petrus Borel, 8 eaux-fortes par Mouilleron, portrait gravé par Flameng. *Paris, Librairie des biblio-vhiles,* 1878, 4 vol. in-8, demi-rel. mar. La Vallière clair, dos et coins, tête dor., non rognés. (*Cuzin.*)

82 fr.
Belin

L'un des 20 exemplaires tirés sur papier de Chine, avec les figures en double état et les couvertures.

255. DELAPALME. Le Livre de mes petits-enfants. Dessins par

II. Giacomelli. *Paris, Hachette*, 1866, gr. in-8, demi-rel. mar. bleu, dos et coins, tête dor., non rogné. (*Reymann.*)
Première édition, exemplaire tiré sur papier de Chine.

162 fr.
couquet

256. DELAPALME. Le Livre de mes petits-enfants. Dessins par II. Giacomelli. *Paris, Hachette*, 1866, gr. in-8, demi-rel. mar. bleu, dos et coins, tête dor., non rogné. (*Reymann.*)
Première édition.

35 fr.
couquet

257. DELAVIGNE (Casimir). Le Paria, tragédie en cinq actes avec des chœurs, *Paris, Barba*, 1821, in-8, demi-rel. mar. rouge jans., dos et coins, tête dor., non rogné.
Édition originale, à laquelle on a ajouté le portrait de Mlle Brocard dans le rôle de Neala.

7 fr.

258. DELAVIGNE (Casimir). Marino Faliero, drame en cinq actes. *Paris, Barba,* 1829, fig. dess. par A. Johannot, in-8, demi-rel. mar. rouge jans., dos et coins, tête dor., non rogné.
Édition originale.

10 fr.

259. DELAVIGNE (Casimir). Louis XI, tragédie en cinq actes et en vers. *Paris, Barba*, 1832, in-8, demi-rel. mar. La Vallière, tête dor., non rogné. (*Brany.*)
Édition originale.

15 fr.

260. DELAVIGNE (Casimir). Don Juan d'Autriche, ou la Vocation, comédie en cinq actes en prose. *Paris, Barba*, 1836, in-8, demi-rel. mar. rouge jans., dos et coins, tête dor., non rogné.
Édition originale.

5 fr.

261. DELAVIGNE (Casimir). Une famille au temps de Luther, tragédie en un acte. *Paris, Delloye*, 1836, in-8, cart., non rogné.
Édition originale.

3 fr.

262. DELVAU (Alfred). Histoire anecdotique des cafés et cabarets de Paris, avec dessins et eaux-fortes de G. Courbet, L. Flameng et F. Rops. *Paris, Dentu*, 1862, in-12, cart., non rogné.

2 fr.
Porquet.

263. DELVAU (Alfred). Les Cythères parisiennes. Histoire anecdotique des bals de Paris. Avec 24 eaux-fortes et un fron-

27 fr.

tispice par F. Rops et Émile Thérond. *Paris, Dentu*, 1864, in-12, demi-rel. mar. bleu, dos et coins, tête dor., non rogné. (*Reymann.*)

43 fr.

264. DELVAU (Alfred). Les Heures parisiennes. 25 eaux-fortes d'Émile Benassit. *Paris, Librairie centrale*, 1866, in-12, demi-rel. mar. rouge, dos et coins, tête dor., non rogné. (*Reymann.*)

Exemplaire tiré sur papier de Hollande. La figure de *Minuit* est découverte.

54 fr.

265. DELVAU (Alfred). Les Heures Parisiennes. 25 eaux-fortes d'Émile Benassit. *Paris, Librairie centrale*, 1866, in-12, broché.

Exemplaire tiré sur papier de Hollande, avec la couverture. La figure de *Minuit* est découverte.

5 fr.

266. DELVAU (Alfred). Un épisode de la censure occulte de l'Empire. Histoire du livre d'Alfred Delvau, intitulé : Heures parisiennes. Récit des persécutions et des taquineries dont cet ouvrage fut l'objet, appuyé et confirmé par trois lettres autographes de Delvau. Suivi de la réimpression des sept cartons de texte supprimés... et orné d'un portrait à l'eau-forte de Delvau. *Paris, Librairie centrale*, 1872, in-12, broché.

Exemplaire tiré sur papier de Hollande, avec la couverture.

90 fr.

267. DEMIDOFF (prince). Esquisse d'un voyage dans la Russie méridionale et la Crimée. *Paris, Rousseau et Houdaille*, 1838, gr. in-8, fig. d'après Raffet, mar. ch. rouge, tr. dor.

Exemplaire tiré sur papier de Chine, avec envoi autographe de l'auteur à Jules Janin.

170 fr.

268. DÉSAUGIERS. Chansons et poésies diverses. *Paris, Ladvocat*, 1827, 4 vol. pet. in-12, portrait d'après Devéria et vignettes, mar. vert, dos ornés, fil., dent. int., tr. dor. (*Cuzin.*)

80 fr.

269. DESNOYERS (Louis). Les Aventures de Jean-Paul Choppart, illustrées par Gérard-Séguin, l'Épisode de Panouille par Frédéric Goupil. *Paris, Dubochet*, 1843, gr. in-8, demi-rel. mar. bleu, dos et coins, non rogné.

Avec la couverture.

270. DIABLE A PARIS (le). — Paris et les Parisiens, mœurs et coutumes, caractères et portraits des habitants de Paris, texte par G. Sand, L. Gozlan, Fréd. Soulié, Ch. Nodier, de Balzac, Th. Gautier, A. de Musset, etc. illustrations par Gavarni, vignettes par Bertall. *Paris, J. Hetzel,* 1845, 2 vol. gr. in-8, demi-rel. mar. vert, dos et coins, tête dor., non rognés.

110 fr.

Très bel exemplaire de l'édition originale avec les couvertures.

271. DIALOGUE aux enfers entre Machiavel et Montesquieu, ou la Politique de Machiavel au xixᵉ siècle, par un contemporain (Maurice Joly). *Bruxelles, Mertens,* 1864, in-12, mar. noir.

9 fr.

Édition originale.

272. DIDEROT. Jacques le fataliste et son maître, 12 dessins de Maurice Leloir, gravés à l'eau-forte par Courtry, de Los Rios, Monziès et Teyssonnières. *Paris, imprimé pour les amis des livres par G. Chamerot,* 1884, gr. in-8, mar. noir jans. dent. int. tête dor. non rogné. (*Cuzin.*)

270 fr.

L'un des 138 exemplaires imprimés pour la Société des amis des livres sur papier du Japon, avec les eaux-fortes en double état.

273. DODECATON, ou le Livre des Douze, par George Sand, Mérimée, L. Gozlan, A. de Vigny, A. Dumas, J. Janin, A. Barbier, A. de Musset, de Stendhal, etc. *Paris, Magen,* 1847, 2 vol. in-8, brochés.

44 fr.

Avec les couvertures.

274. DROZ (Gustave). Les Étangs. *Paris, Hetzel, s. d.* (1874), in-12, broché.

18 fr.

Édition originale. Exemplaire tiré sur papier de Hollande.

275. DROZ (Gustave). Monsieur, Madame et Bébé. Illustrations par Edmond Morin, portrait par Flameng. *Paris, Victor Havard,* 1878, gr. in-8, broché.

14 fr.

Avec la couverture.

276. DROZ (Gustave). Monsieur, Madame et Bébé, édition illustrée par Edmond Morin, et ornée d'un portrait de l'auteur, gravé par L. Flameng. *Paris, V. Havard,* 1878, gr.

78 fr.

in-8, demi-rel. mar. bleu, dos et coins, tête dor. non
rogné.

L'un des 50 exemplaires tirés sur papier Whatman, avec la couverture.

277. DUMANOIR, CLAIRVILLE ET TH. COGNIARD. Un banc d'huî-
tres, revue de l'année 1847, en 4 actes et 7 tableaux. *Paris,
Mich. Lévy*, 1848, in-12, cart., non rogné. — Ohé! les petits
agneaux, revue de 1857, en trois actes, 10 tableaux et un
prologue. *Paris, Mich. Lévy*, 1857, in-12, cart., non rogné.
— Oh! là là, que c'est bête tout ça, revue de 1860, en 3 actes et
20 tableaux. *Paris, Mich. Lévy*, 1860, in-12, cart., non rogné.
— La Tour de Nesle à Pont-à-Mousson, parodie-vaudeville en
3 petits actes et 6 grands tableaux. *Paris, Mich. Lévy*, 1861,
in-12, cart., non rogné. — Eh! allez donc, Turlurette, revue de
l'année 1862, en 3 actes et 9 tableaux. *Paris, Dentu*, 1863,
in-12, cart. non rogné.

Éditions originales avec les couvertures.

278. DUMAS (Alexandre). Canaris, dithyrambe. *Paris, Sanson*,
1826, in-12, portr., broché.

Édition originale avec la couverture.

279. DUMAS (Alexandre). Nouvelles contemporaines. *Paris,
Sanson*, 1826, in-12, demi-rel. mar. bleu, dos et coins, tête
dor., non rogné. (*Capé.*)

Édition originale avec la couverture.

280. DUMAS (Alexandre). Impressions de voyage. *Paris, A.
Guyot et Charpentier*, 1834, 2 vol. in-8, brochés.

Édition originale. Frontispice dess. par Cél. Nanteuil. Avec la couverture.

281. DUMAS (Alexandre). Le Corricolo. *Paris, Dolin*, 1843, 4
vol. in-8, demi-rel., dos et coins mar. rouge, tête dor., non
rognés. (*Lemardeley.*)

Édition originale, avec les couvertures.

282. DUMAS (Alexandre). Histoire d'un casse-noisette, illustré
par Bertall. *Paris, Hetzel*, 1845, 2 vol. in-8, cart., non rognés.

Avec les couvertures.

283. Dumas (Alexandre). Impressions [de voyage. De Paris à Cadix. *Paris, Delloye,* 1847-1848, 5 vol. in-8, brochés.

Édition originale, avec les couvertures.

14 fr.

284. Dumas (Alexandre). Les Trois Mousquetaires. *Paris, Fellens et Dufour,* 1846, gr. in-8, fig., demi-rel. mar. rouge, dos et coins, tête dor., non rogné. (*Hardy-Mennil.*)

On a ajouté à cet exemplaire 21 figures ou portraits.

285. Dumas (Alexandre). Vingt ans après. Suite des Trois Mousquetaires. *Paris, Fellens et Dufour,* 1846, gr. in-8, fig., demi-rel. mar. rouge, dos et coins, tête dor., non rogné. (*Hardy-Mennil.*)

On a ajouté à cet exemplaire 24 figures ou portraits.

175 fr.

286. Dumas (Alexandre). Le Vicomte de Bragelonne. *Paris, Dufour,* 1853, 2 vol. gr. in-8, fig., demi-rel. mar. rouge, dos et coins, tête dor., non rognés. (*Hardy-Mennil.*)

On a ajouté à cet exemplaire deux dessins de Baudot-Bauderval, portraits du comte de Guiche et de M. de Wardes et 37 portraits de personnages célèbres de l'époque, la plupart tirés des Émaux de Petitot.

287. Dumas (Alexandre). Œuvres complètes. Théâtre. *Paris, Charpentier et Passard,* 1834-1846, 10 vol. in-8, frontispice eau-forte de Célestin Nanteuil, demi-rel. mar. rouge, dos et coins, tête dor., non rognés. (*Lemardeley.*)

Première édition collective.

288. Dumas (Alexandre). Henri III et sa cour. Drame historique en cinq actes et en prose. *Paris, Vezard,* 1829, in-8, demi-rel. mar. rouge, dos et coins, tête dor., non rogné. (*Lemardeley.*)

Édition originale, avec la couverture. Sur le titre, le chiffre couronné de la grande-duchesse Stéphanie de Bade.

35 fr. conquet

289. Dumas (Alexandre). Stockholm, Fontainebleau et Rome. — Trilogie dramatique sur la vie de Christine, cinq actes en vers avec prologue et épilogue. *Paris, Barba,* 1830, lithographie d'après Raffet, in-8, cart. vélin blanc, non rogné.

Édition originale.

6 fr.

290. Dumas (Alexandre). Antony, drame en cinq actes en

prose. *Paris, Auguste Auffray*, 1831, in-8, demi-rel. mar.
rouge jans., dos et coins, tête dor., non rogné.

125 fr.
Conquet

> Édition originale. On a ajouté à cet exemplaire la vignette dess. sur bois par Tellier d'après T. Johannot, gravée par Thompson pour l'édition publiée en 1832, épreuve tirée sur papier de Chine.

291. BATARDI, ou le Désagrément de n'avoir ni mère ni père.
Existence d'homme en cinq portions, de M. Dupin. *Paris,
Barba*, 1831, in-8, cart., non rogné.

8 fr.
Conquet

> Parodie d'*Antony*.

292. DUMAS (Alexandre). Richard Darlington. Drame en trois
actes et en prose, précédé de la Maison du Docteur, prologue par MM. Dinaux (Alexandre Dumas, Dinaux et Gou-
baux). *Paris, Barba*, 1832, in-8, cart., non rogné.

20 fr.
Rouquette

> Édition originale.

293. DUMAS (Alexandre). La Tour de Nesle. Drame en cinq actes
et en neuf tableaux par MM. Gaillardet et ***. *Paris, J. N.
Barba*, 1832, in-8, demi-rel. mar. brun, dos et coins, non
rogné.

135 fr.
Rouquette

> Édition originale avec la couverture.

294. DUMAS (Alexandre). Teresa. Drame en cinq actes et en
prose. *Paris, Barba*, 1832, in-8, demi-rel. mar. rouge, dos et
coins, tête dor., non rogné. (*Lemardeley.*)

28 fr.
Renard

> Édition originale. On a ajouté à cet exemplaire un beau fronti-
spice dess. par Cél. Nanteuil pour les Drames d'Alex. Dumas.

295. DUMAS (Alexandre). Angèle. Drame en cinq actes. *Paris,
Charpentier*, 1834, in-8, frontisp. de Célestin Nanteuil, demi-
rel. mar. rouge jans., dos et coins, tête dor., non rogné.
(*Lemardeley.*)

30 fr.
Conquet

> Édition originale.

296. DUMAS (Alexandre). Kean. Comédie en cinq actes. *Paris,
Barba*, 1836, in-8, demi-rel. mar. rouge, dos et coins, tête
dor., non rogné. (*Lemardeley.*)

27 fr.
Rouquette

> Bel exemplaire de l'édition originale, avec la couverture, auquel on
a ajouté un portrait et un billet autographe signé de Dumas à Fré-
derick Lemaître.

297. DUMAS (Alexandre). Don Juan de Marana, ou la Chute

d'un ange, mystère en cinq actes. *Paris, Marchant,* 1836, in-8, cart. vélin blanc, non rogné.

Édition originale. On a ajouté à l'exemplaire le portrait de Mélingue dans le rôle du Mauvais Ange.

10 fr.
conquet

298. Dumas (Alexandre). Paul Jones, drame en cinq actes. *Paris, Marchant, s. d.* (1838), gr. in-8, broché. — Un mariage sous Louis XV, comédie en cinq actes. *Paris, Marchant,* 1841, in-8, cart. — Le Laird de Dumbiky, comédie en cinq actes, en prose. *Paris, Marchant, s. d.* (1843), gr. in-8, broché. — Les Demoiselles de Saint-Cyr, comédie en cinq actes, suivie d'une lettre de l'auteur à J. Janin. *Paris, Marchant,* 1843, gr. in-8, broché. — Le Marbrier, drame en trois actes. *Paris, Michel Lévy,* 1854, in-12, cart., non rogné.

Éditions originales.

16 fr.

299. Dumas (Alexandre). L'Alchimiste. Drame en cinq actes, en vers. *Paris, Dumont,* 1839, in-8, demi-rel. mar. rouge jans., dos et coins, tête dor., non rogné. (*Lemardeley.*)

Édition originale.

9 fr.
Rouquette

300. Dumas (Alexandre). La Conscience, drame en cinq actes. *Paris, Taride,* 1854, in-12, cart., non rogné. — Romulus, comédie en un acte, en prose. *Paris,* 1854, in-12, cart., non rogné. — L'Orestie, tragédie en trois actes et en vers, imitée de l'antique. *Paris,* 1856, in-12, cart., non rogné. — L'Invitation à la valse, comédie en un acte, en prose. *Paris, Beck,* 1857, in-12, cart., non rogné. — Le Gentilhomme de la montagne, drame en cinq actes. *Paris, Michel Lévy,* 1860, in-12, cart. non rogné.

Éditions originales avec les couvertures.

5 fr.
maillet

301. Dumas fils (Alexandre). Péchés de jeunesse. *Paris, Fellens et Dufour,* 1847, gr. in-8, demi-rel. mar. brun, dos et coins, tête dor., non rogné. (*Lemardeley.*)

Avec la couverture.

68 fr.
conquet

302. Dumas fils (Alexandre). La Dame aux Camélias. Préface par Jules Janin. *Paris, Michel Lévy,* 1872, gr. in-8, portrait, demi-rel. mar. rouge, dos et coins, tête dor., non rogné. (*Lemardeley.*)

L'un des 25 exemplaires tirés sur papier de Chine, avec la couverture.

37 fr.
Rouquette

303. Dumas fils (Alexandre). Atala, drame lyrique. *Paris, Michel Lévy*, 1848, in-8, broché. — La Dame aux Camélias, pièce en cinq actes. *Paris, Giraud et Dagneau,* 1852, in-12, cart., non rogné. — La Question d'argent, comédie en cinq actes en prose. *Paris, Charlieu,* 1857, in-12, cart., non rogné. — Le Fils naturel, comédie en cinq actes. *Paris, Charlieu,* 1858, in-12, cart., non rogné. — L'Ami des femmes, comédie. *Paris, Cadot,* 1864, in-12, cart., non rogné.

26 fr.
Conquet

Éditions originales. Les trois dernières pièces avec les couvertures.

304. Dumas fils (Alexandre). Diane de Lys, comédie en cinq actes, en prose. *Paris, Giraud,* 1853, in-12, cart., non rogné. — Diane de Lys et de Camélias ou la Femme du monde légère, liée à un homme bilieux qui n'entend pas la plaisanterie, grande parodie par Delacour et Lambert Thiboust. *Paris, Michel Lévy frères,* 1853, in-12, cart., non rogné.

14 fr.
Conquet

Éditions originales avec les couvertures.

305. Dumas fils (Alexandre). Un cas de rupture. *Paris, Librairie nouvelle,* 1854, in-16, demi-rel. mar. vert, tête dor., non rogné. (*Reymann.*)

21 fr.
Porquet

Édition originale.

306. Dumas fils (Alexandre). Le Demi-Monde. Comédie en cinq actes, en prose. *Paris, Michel Lévy,* 1855, in-12, cart., non rogné. — Jules Choux. Pierrot à Paris, ou le Demi-Monde falsifié, courte parodie d'une pièce longue de cinq grands actes. *Paris,* 1855, in-12, demi-rel. mar.

13 fr.
Conquet

Édition originale avec la couverture. La parodie est imprimée sur papier jaune.

307. Dumas fils (Alexandre). Un père prodigue. Comédie en cinq actes. *Paris, Librairie théâtrale,* 1859, gr. in-8, cart., non rogné.

20 fr.
Conquet

Édition originale avec la couverture. Exemplaire imprimé sur grand papier vélin et tiré à très petit nombre, auquel on a ajouté le portrait de Dumas fils, gr. par Jacquemart, épreuve sur papier de Chine.

308. Dumas fils (Alexandre). L'Ami des femmes. Comédie en cinq actes en prose. *Paris, Cadot,* 1864, gr. in-8, cart.,

non rogné. — Les Idées de Mme Aubray. Comédie en quatre actes en prose. *Paris, Michel Lévy*, 1867, gr. in-8, cart., non rogné.

> Éditions originales.

16 fr.
conquet

309. DUMAS FILS (Alexandre). Une Visite de noces. Comédie en un acte. *Paris, Michel Lévy*, 1872, gr. in-8, cart., non rogné.

> Édition originale. L'un des 24 exemplaires tirés sur papier de Hollande, avec envoi autographe de l'auteur à Gil Pérès.

30 fr.
conquet

310. DUMAS FILS (Alexandre). La Princesse Georges. Pièce en trois actes. *Paris, Michel Lévy,* 1872, gr. in-8, cart., non rogné. — La Femme de Claude. Pièce en trois actes, précédée d'une préface. *Paris, Michel Lévy*, 1873, gr. in-8, cart., non rogné.

> Éditions originales, avec les couvertures.

16 fr.
conquet

311. DUMAS FILS (Alexandre). Monsieur Alphonse. Pièce en trois actes. *Paris, Michel Lévy*, 1874, gr. in-8, cart., non rogné. — La Princesse de Bagdad. Pièce en trois actes. *Paris, C. Lévy*, 1881, gr. in-8, cart., non rogné.

> Éditions originales, avec les couvertures.

17 fr.

312. DUMAS FILS (Alexandre). L'Étrangère. Comédie en cinq actes. *Paris, Calmann Lévy,* 1877, in-8, cart., non rogné.

> Édition originale. L'un des 40 exemplaires tirés sur papier de Hollande avec envoi autographe de l'auteur à M. Xavier Aubryet.

28 fr.
Conquet

313. DUPLESSIS (Georges). Histoire de la gravure en Italie, en Espagne, en Allemagne, dans les Pays-Bas, en Angleterre et en France... contenant 73 reproductions de gravures anciennes, exécutées par le procédé de M. Amand Durand. *Paris, Hachette*, 1880, in-4, demi-rel. mar. brun, dos et coins, tête dor., non rogné. (*Reymann.*)

> L'un des 20 exemplaires tirés sur papier de Chine.

44 fr.

314. DUPONT (Pierre). Chants et chansons (poésie et musique), ornés de gravures d'après les dessins de Tony Johannot, Gavarni, Nanteuil, Maurice Sand, Veyrassat, etc. *Paris, chez l'éditeur*, 1851-1859, 4 vol. in-8, cart., non rognés.

40 fr.
Brottet

315. Dupuis (Eudoxie). Les Disciples d'Eusèbe. Illustrations par Eug. Courboin. *Paris, Ch. Delagrave*, 1882, gr. in-8, demi-rel. mar. rouge, dos et coins, tête dor., non rogné. (*Reymann.*)

2H fr.
Rouquette

L'un des 5 exemplaires tirés sur papier du Japon.

316. Ebers (George). L'Égypte, Alexandrie et le Caire. Du Caire à Philæ, traduction de Gaston Maspero. *Paris, Hachette*, 1880-81, 2 vol. in-fol. fig. demi-rel. mar. rouge jans., dos et coins, tête dor., non rognés.

79 fr.
Claudin

317. Elie Mariaker, (par Evariste Boulay-Paty.) *Paris, Dupuy*, 1834, in-8, demi-rel. mar. vert, dos et coins, tête dor., non rogné. (*Reymann.*)

20 fr.

Édition originale avec le frontispice de J.-F. Boisselat.

318. Enault (L.). Londres. Illustré de 174 gravures sur bois par Gustave Doré. *Paris, Hachette*, 1876, gr. in-4, demi-rel. mar. brun, dos et coins, tête dor., non rogné. (*Champs.*)

88 fr.
Porquet

Exemplaire tiré sur papier de Chine.

319. Ephrussi (Ch.). Albert Durer et ses dessins. *Paris, Quantin*, 1882, gr. in-8, demi-rel. mar. vert, dos et coins, tête dor., non rogné.

46 fr.

Très bel exemplaire tiré sur papier de Hollande, épreuves avant la lettre, avec la couverture.

320. États-Unis et Canada. L'Amérique du Nord pittoresque. Ouvrage rédigé par une réunion d'écrivains américains sous la direction de W. Cullen, trad. par B.-H. Revoil. *Paris, A. Quantin*, 1880, in-fol., papier teinté, nombr. fig. sur bois, demi-rel. mar. rouge, dos et coins, tête dor., non rogné. (*Bertrand.*)

40 fr. ?
Renard

321. Étrangers (les) à Paris, par MM. L. Desnoyers, J. Janin, Old-Nick, E. Guinot, E. Lemoine, Roger de Beauvoir, A. Royer, L. Couailhac, L. Huart, etc. Illustrations de MM. Gavarni, Th. Frère, H. Emy, Th. Guérin, Ed. Frère. *Paris, Warée, s. d.* (1844), gr. in-8, demi-rel. mar. brun, dos et coins, tête dor., non rogné.

20 fr.
Porquet

322. Fabre (Ferd.). L'Abbé Tigrane, candidat à la papauté.

Paris, Lemerre, 1873, in-12, demi-rel. mar. brun, non rogné.
Édition originale avec la couverture.

16 fr.

323. FABRE (Ferd.). Barnabé. *Paris, Dentu*, 1875, in-12, broché.
Édition originale.

2 fr. Pochet

324. FABRE (Ferd.). Mon oncle Célestin, mœurs cléricales. *Paris, G. Charpentier*, 1881, in-12, demi-rel. mar. brun, non rogné.
Édition originale avec la couverture.

12 fr.

325. FAVRE (Jules). Anathème. *Paris, Babeuf*, 1834, in-8, demi-rel. mar. brun, dos et coins, tête dor., non rogné. (*Reymann.*)
Première édition.

13 fr.

326. FÉNELON. Les Aventures de Télémaque suivies des Aventures d'Aristonoüs, précédées d'un Essai sur la vie et les ouvrages de Fénelon, par M. Jules Janin, édition illustrée par MM. Tony Johannot, Emile Signol, G. Séguin, Daubigny, Français, etc. *Paris, Bourdin, s. d.* (1840), gr. in-8, demi-rel. mar. rouge, dos et coins, tête dor., non rogné. (*Petit.*)
Exemplaire tiré sur papier de Chine.

150 fr. Claudin

327. FEUILLET (Octave). Polichinelle. Sa vie et ses nombreuses aventures. Vignettes par Bertall. *Paris, Hetzel*, 1846, in-8, broché.
Avec la couverture.

40 fr. conquet

328. FEUILLET (Octave). Julia de Trécœur. *Paris, C. Lévy*, 1885, in-8, avec 15 eaux-fortes d'après Henriot, broché.
L'un des 50 exemplaires imprimés sur papier du Japon, avec les vignettes tirées à part en double état, eau-forte et avant la lettre.

61 fr. morgand

329. FEUILLET (Octave). Péril en la demeure. Comédie en deux actes, en prose. *Paris, Mich. Lévy*, 1855, in-12, cart., non rogné. — Le Roman d'un jeune homme pauvre. Comédie en cinq actes. *Paris, Mich. Lévy*, 1859, in-12, cart., non rogné. — Rédemption. Comédie en cinq actes. *Paris, Mich. Lévy*, 1860, in-12, cart., non rogné. — Le Cheveu blanc. *Paris, Mich. Lévy*, 1860, in-12, cart., non rogné.
Éditions originales, avec les couvertures.

16 fr. Rouquette

330. Feuillet (Octave). La Crise. Comédie en quatre parties, en prose. *Paris, Mich. Lévy*, 1861, in-12, cart., non rogné. — La Tentation. Pièce en cinq actes et six tableaux. *Paris, Mich. Lévy*, 1860, in-12, cart., non rogné. — Montjoye. Comédie en cinq actes et six tableaux. *Paris, Mich. Lévy*, 1864, in-12, cart., non rogné.

Éditions originales avec les couvertures.

8 fr.
Rouquette

331. Feuillet (Octave). Julie. Drame en trois actes, en prose. *Paris, Mich. Lévy*, 1869, in-8, cart., non rogné. — Le Sphinx. Drame en quatre actes. *Paris, Mich. Lévy*, 1874, in-8, cart., non rogné.

Éditions originales avec les couvertures.

7 fr.

332. Feu Séraphin. Histoire de ce spectacle depuis son origine jusqu'à sa disparition, 1776-1870. *Lyon, N. Scheuring*, 1875, in-8, demi-rel. mar. vert, dos et coins, tête dor., non rogné. (*Pouillet.*)

20 fr.
Conquet

333. Féval (Paul). Les Contes de nos pères. Illustrés par Bertall. *Paris, Chlendowski, s. d.* (1845), in-8, demi-reliure mar. bleu, dos et coins, tête dor., non rogné. (*Reymann.*)

Exemplaire avec la couverture illustrée. Quelques mouillures.

15 fr.
Conquet

334. Feydeau (Ernest). Fanny, étude. Préface par Jules Janin. *Paris, Amyot*, 1858, gr. in-8, demi-rel., dos et coins mar. rouge, tête dor., non rogné. (*Lemardeley.*)

Édition originale. L'un des 100 exemplaires tirés sur papier de Hollande avec la couverture.

51 fr.

335. Fizelière (A. de La), Champfleury et F. Henriet. La Vie et l'œuvre de Chintreuil. — 40 eaux-fortes, par Martial, Beauverie, Taiée, Lalauze, Saffray, Selle, Paul Roux. *Paris, Cadart*, 1874, in-fol., demi-rel. mar. vert, dos et coins, tête dor., non rogné. (*Reymann.*)

Exemplaire tiré sur papier de Chine.

49 fr.
Rouquette

336. Flaubert (Gustave). Madame Bovary. Mœurs de province. *Paris, Mich. Lévy*, 1857, in-12, demi-rel. mar. brun, tête dor., non rogné. (*Lortic.*)

Édition originale imprimée en un seul volume. Exemplaire tiré sur papier vélin fort.

181 fr.
Greppa

337. FLAUBERT (Gust.). Salammbô. *Paris, Mich. Lévy*, 1863, in-8, broché.

3 fr.

338. FRANÇAIS (les) PEINTS PAR EUX-MÊMES. Encyclopédie morale du xixᵉ siècle. *Paris, L. Curmer*, 1840-1842, 8 tomes en 4 vol. gr. in-8, fig., mar. ch. violet, tr. dor.

> Exemplaire tiré sur papier de Chine. Au tome V les planches suivantes : vignette de la Charte, Portrait de Napoléon, Type d'infanterie, Officier d'artillerie, Garde national, sont sur papier teinté. Au tome III de la Province, les pages 241 à 248 et les planches Mulâtre pêcheur et le Corse sont également sur papier teinté.
> Sept planches sur papier de Chine sont plus courtes.
> On a ajouté à cet exemplaire un article autographe de Frédéric Soulié, intitulé « L'Ame méconnue » et deux lettres autographes, l'une de J.-J. Grandville, l'autre de Eug. Lami.

1,000 fr. Conquet

339. FROMENTIN (Eugène). Sahara et Sahel : édition illustrée de 12 eaux-fortes, d'une héliogravure et de 45 gravures en relief, etc. *Paris, Plon*, 1879, gr. in-8, demi-rel. mar. rouge, coins et dos ornés, tête dor., non rogné. (*Reymann.*)

45 fr. morgand

340. GALERIE DE LA PRESSE, de la littérature et des beaux-arts. Directeur des dessins, Ch. Philipon. Rédacteur en chef, Louis Huart. 147 portraits lithographiés, avec notice, de tous les personnages marquants à Paris, dans les lettres, le journalisme, la peinture, la sculpture, la musique, la danse, le théâtre, etc., par A. Menut, Gigoux, Devéria, Nanteuil, etc. *Paris, au bureau de la publication*, 1839-41, 3 vol. in-4, demi-rel. v. rouge, non rognés.

> Avec les couvertures.

160 fr. Porquet

341. GALERIE HISTORIQUE des portraits des comédiens de la troupe de Molière, gravés à l'eau-forte, sur des documents authentiques, par Frédéric Hillemacher. *Lyon, Scheuring*, 1869, gr. in-8, demi-rel. mar. La Vallière, dos orné et coins, non rogné. (*Raparlier.*)

> Exemplaire tiré sur grand papier vergé.

2 Vendu avec le n°621

342. GALIBERT (Léon). Histoire de l'Algérie ancienne et moderne. *Paris, Furne*, 1843, gr. in-8, fig. d'après Raffet, Rouargue, etc., cart., non rogné.

> Avec la couverture.

46 fr. Conquet

343. GALLAND. Les Mille et une Nuits. Contes arabes, réim-

primés sur l'édition originale avec une préface de Jules
Janin, 21 eaux-fortes par Ad. Lalauze. *Paris, Librairie des
bibliophiles*, 1881, 10 vol. in-8, demi-rel. mar. bleu clair,
dos et coins, tête dor., non rogné. (*Cuzin.*)

150 fr.
Rouquette

> L'un des 20 exemplaires tirés sur papier de Chine avec les figures
> en double état et les couvertures.

120 fr.
Rouquette

344. GAUTIER (Théophile). Poésies. *Paris, Charles Mary*, 1830,
in-12, mar. bleu jans., dent. int., t r. dor. (*Cuzin.*)

> Bel exemplaire de l'édition originale, relié sur brochure.

11f.a
Rouquette

345. GAUTIER (Théophile). Albertus, ou l'Ame et le Péché.
Légende théologique. *Paris, Paulin*, 1833, in-12, frontispice de Célestin Nanteuil, demi-rel. mar. noir jans., non
rogné.

> Édition originale.

99 fr.
morgand

346. GAUTIER (Théophile). La Comédie de la mort. *Paris,
Desessart*, 1838, gr. in-8, frontispice de Louis Boulanger,
mar. bleu jans., dent. int., t r. dor. (*Cuzin.*)

> Très bel exemplaire de l'édition originale, relié sur brochure.

16 fr.
conquet

347. GAUTIER (Théophile). Émaux et Camées. *Paris, Eug.
Didier*, 1852, in-16, demi-rel. mar. vert, dos et coins, tête
dor., non rogné. (*Petit.*)

> Édition originale.

76 fr.
conquet

348. GAUTIER (Théophile). Émaux et Camées. Seconde édition, augmentée. *Paris, Poulet-Malassis*, 1858, in-12, front.
gravé, pap. de Hollande, demi-rel., mar. bleu, tête dor.,
non rogné. (*Lortic.*)

> On a relié à la suite de l'exemplaire des feuilles d'essai d'impres-
> sion en rouge et en noir et l'autographe de la pièce : *l'Aveugle.*

122 fr.
conquet

349. GAUTIER (Théophile). Les Jeunes France. Romans gogue-
nards. *Paris, Eug. Renduel*, 1833, in-8, frontispice eau-
forte de Célestin Nanteuil, demi-rel. mar. rouge, dos et
coins, non rogné. (*Raparlier.*)

> Édition originale, à laquelle on a ajouté un second frontispice
> gravé par Rops. Celui de C. Nanteuil est remonté sur du papier
> moderne.

350. GAUTIER (Théophile). Mademoiselle de Maupin. Double
amour. *Paris, Eug. Renduel*, 1835-36, 2 vol. in-8, mar.

rouge, dos ornés, fil., dent. intér., tr. dor. (*Trautz-Bauzon-net.*)

Édition originale, superbe exemplaire relié sur brochure et non rogné.

Il est orné d'une très belle reliure signée de Trautz-Bauzonnet qui n'a relié que deux exemplaires du livre. L'un pour M. le baron James de Rothschild et celui-ci.

351. GAUTIER (Théophile). Mademoiselle de Maupin. Double amour. Réimpression textuelle de l'édition originale. Notice bibliographique par Ch. de Lovenjoul. *Paris, L. Conquet et Charpentier*, 1883, 2 vol. gr. in-8 port. et fig., mar. rouge, compart. de filets sur le dos et sur les plats, dent. intér., tr. dor. (*Cuzin.*)

Superbe exemplaire tiré sur papier du Japon et contenant : la suite des figures dess. par *Toudouze* gr. par *Champollion*, épreuves en triple état, auquel on a ajouté les deux portraits et les deux figures refusés et remplacés.

352. GAUTIER (Théophile). Mademoiselle de Maupin. Double amour. Réimpression textuelle de l'édition originale. Notice bibliographique par Ch. de Lovenjoul. *Paris, L. Conquet et Charpentier*, 1883, 2 vol. gr. in-8, portr. et fig., brochés.

Bel exemplaire tiré sur papier vélin, contenant les 18 compositions de *E. Toudouze*, gravées par *Champollion*, auquel on a ajouté les deux portraits et les deux compositions refusés et remplacés.

353. GAUTIER (Théophile). Fortunio, ou l'Eldorado. *Paris, Desessart*, 1841, in-8, demi-rel. mar. rouge, dos et coins, tête dor., non rogné. (*Lemardeley.*)

Le faux titre et le titre sont un peu plus courts.

354. GAUTIER (Théophile). L'Eldorado, ou Fortunio, publié sur l'édition originale. *Paris, imprimé pour les amis des livres, par Motteroz*, 1880, gr. in-8, eaux-fortes de Milius, vignettes d'Avril, mar. vert jans., dent. intér., tr. dor. (*Cuzin.*)

L'un des 115 exemplaires, tirés pour la Société des amis des livres contenant les eaux-fortes de Milius, vignettes d'Avril en double état, tirées sur papier du Japon et sur papier vélin, 27 fleurons, 27 culs-de-lampe et 27 lettres ornées en double état, noir et bistre, tirés sur papier de Chine volant.

4

355. GAUTIER (Théophile). Tra los montes. *Paris, Victor Magen*, 1843, 2 vol. in-8, mar. bleu jans., dent. int., tr. dor. (*Cuzin.*)

127 fr. morgand

Très bel exemplaire de l'édition originale, relié sur brochure.

356. GAUTIER (Théophile). Zigzags. *Paris, V. Magen*, 1845, in-8, demi-rel. mar. rouge, dos et coins, tète dor., non rogné. (*Lemardeley.*)

11 fr.

Édition originale. Le feuillet de table manque.

357. GAUTIER (Théophile). Militona. *Paris, Desessart*, 1847, in-8, cart., non rogné.

24 fr. Conquet

Édition originale avec la couverture.

358. GAUTIER (Théophile). Les Roués innocents. *Paris, Desessart*, 1847, in-8, cart., non rogné.

Édition originale.

359. GAUTIER (Théophile). De la mode. *Paris, Poulet-Malassis et de Broise*, 1858, in-32, texte encadré, demi-rel. mar. citron, dos et coins, tète dor., non rogné. (*Reymann.*)

49 fr.

Tiré à 30 exemplaires.

360. GAUTIER (Théophile). Le Capitaine Fracasse. *Paris, Charpentier*, 1863, 2 vol. in-12, demi-rel. mar. ch. rouge, non rognés.

35 fr. Rouquette

Édition originale.

361. GAUTIER (Théophile). Le Capitaine Fracasse. Illustré de 60 dessins de Gustave Doré. *Paris, Charpentier*, 1866, gr. in-8, demi-rel. mar. rouge, non rogné.

47 fr. Conquet

362. GAUTIER (Théophile). Spirite. Nouvelle fantastique. *Paris, Charpentier*, 1866, in-12, demi-rel. mar. ch. rouge, non rogné.

3.50

Édition originale.

363. GAVARNI. Œuvres choisies, revues, corrigées et nouvellement classées par l'auteur. *Paris, J. Hetzel*, 1846-48, 4 vol. gr. in-8, demi-rel. mar. bleu, dos et coins, tète dor., non rognés. (*Reymann.*)

145 fr. Conquet

Très bel exemplaire avec les couvertures.

364. GAVARNI. Masques et Visages. Œuvre nouvelle. *Paris, Paulin et Le Chevalier*, s. d., 2 vol. in-fol., cart., tr. dor.

55 fr. Conquet

365. GAVARNI. Son œuvre. Texte, par J. Janin, P. de Saint-Victor, Ed. Texier, Ed. et J. de Goncourt. *Paris, Morizot et Marc, s. d.*, 5 vol. in-fol., demi-rel. mar. rouge, dos et coins, tête dor, non rognés.

190 fr, conquet

473 planches comprenant : D'après nature. — Masques et visages. — Propos de Thomas Vireloque. — Les Parents terribles. — Par-ci, Par-là. — Physionomies parisiennes, etc., etc.

366. GEMMES (les) et Joyaux de la Couronne, publiés et expliqués par Henry Barbet de Jouy, dessinés et gravés à l'eau-forte par Jules Jacquemart. *Paris*, 1865, 2 parties en 1 volume in-fol., papier de Hollande, avec 60 pl., demi-rel. mar. rouge, dos et coins, tête dor., non rogné (*Reymann.*)

180 fr. conquet

367. GIACOMELLI. Les Nids. 20 gravures sur bois, publiées dans l'Illustration, épreuves sur papier de Chine, montées sur bristol. *Paris, s. d.*, album gr. in-fol., cartonné.

75 fr. conquet

368. GILL. La Parodie, du 4 juin 1869 au 16 janvier 1870. *Paris*, 1869-70, in-4, fig. demi-rel. mar. rouge, plats en toile gaufrée.

40 fr, conquet

369. GIRARDIN (Mme Em. de). L'École des Journalistes. Comédie en cinq actes et en vers. *Paris, Dumont et Aug. Desrez*, 1839, in-8, broché.

2 fr.

Édition originale, avec la couverture.

370. GIRARDIN (Mme Em. de). Lady Tartuffe. Comédie en cinq actes et en prose. *Paris, Mich. Lévy*, 1853, in-12, broché. — Une femme qui déteste son mari. Comédie en un acte en prose. *Paris, Mich. Lévy*, 1856, in-12, cart., non rogné. — L'École des journalistes. Comédie en cinq actes et en vers. *Paris, Mich. Lévy*, 1856, in-12, cart., non rogné.

4.50 maillet

Éditions originales des deux premières pièces avec les couvertures.

371. GIRARDIN (Mme Ém. de). La Joie fait peur, comédie en un acte et en prose. *Paris, Michel Lévy*, 1854, in-12, cart., non rogné. — Le Chapeau d'un horloger, comédie en un acte en prose. *Paris, Michel Lévy*, 1855, in-12, cart., non rogné.

15 fr.

Éditions originales avec les couvertures.

372. GIRARDIN (Ém. de). Le Supplice d'une femme, drame en trois actes avec une préface. *Paris, Michel Lévy*, 1865, gr.

8.50

in-8, demi-rel. mar. rouge jans., dos et coins, tête dor., non rogné.

> Édition originale. Envoi d'auteur à Édouard Fournier. Avec la couverture.

373. GLATIGNY (Albert). Les Vignes folles. Poésies avec un frontispice de Charles Voillemot, gravé à l'eau-forte par Bracquemond. *Paris, Librairie nouvelle,* 1860, gr. in-8, demi-rel. mar. vert, dos et coins, tête dor., non rogné. (*Lemardeley.*)

40 fr. Porquet

> Édition originale. Envoi autographe de l'auteur à Th. Pelloquet.

374. GLATIGNY (Albert). Le Bois. Comédie en un acte, en vers. *Paris, Lemerre,* 1870, in-12, broché.

3 fr.

> Exemplaire tiré sur papier de Chine.

375. GŒTHE. Les Souffrances du jeune Werther, traduites par le comte Henri de La B*** (La Bédoyère). Seconde édition. *Paris, Crapelet,* 1845, in-8, papier vergé, mar. brun jans., dent. intér., tr. dor. (*Cuzin.*)

7 fr.

> Très bel exemplaire relié sur brochure contenant la suite des figures dessinées par Moreau, épreuves avant la lettre, et la suite dessinée par Tony Johannot, épreuves avant la lettre.

376. GŒTHE. Faust, tragédie, nouvelle traduction complète en prose et en vers par Gérard. *Paris, Dondey-Dupré,* 1828, in-18, fig., broché.

10 fr. Rouquette

> Édition originale.

377. GŒTHE. FAUST, tragédie traduite en français par Albert Stapfer. Ornée d'un portrait de l'auteur et de 17 dessins composés d'après les principales scènes de l'ouvrage et exécutés sur pierre par Eugène Delacroix. *Paris, Ch. Motte et Sautelet,* 1828, gr. in-fol., demi-rel. mar. vert, dos et coins, tête dor., non rogné.

220 fr. morgand

> Exemplaire en grand papier, avec les figures sur papier de Chine.

378. GŒTHE. FAUST, traduction revue et complète, précédée d'un essai sur Gœthe par Henri Blaze. Édition illustrée par Tony Johannot. *Paris, Michel Lévy et Dutertre,* 1847, gr. in-8, fig., demi-rel. mar. brun, dos et coins, non rogné. (*Reymann.*)

30 fr. Conquet

> Avec la couverture.

379. Goldsmith. Le Vicaire de Wakefield, traduit en français, avec le texte anglais en regard, par Ch. Nodier. *Paris, Bourgueleret,* 1838, gr. in-8, avec vignettes dessinées par Jacque, Marville, etc., et fig. d'après Tony Johannot, mar. ch. brun, tr. dor.

> L'un des rares exemplaires avec les figures sur papier de Chine avant la lettre.

172 fr.
Claudin

380. Goldsmith. Le Vicaire de Wakefield, traduction par Charles Nodier, illustrée par Jacques. *Paris, E. Blanchard,* 1853, 2 vol. in-8, cart., non rognés.

> Avec les couvertures.

24 fr.
Porquet

381. Goncourt (Edmond et Jules de). En 18... *Paris, Dumineray,* 1851, in-12, demi-rel. mar. brun, dos et coins, tête dor., non rogné.

> Édition originale.

15 fr.
conquet

382. Goncourt (Edmond et Jules de). La Lorette. *Paris, Dentu,* 1853, in-32, demi-rel. mar. orange, dos et coins, tête dor., non rogné. (*Reymann.*)

> Édition originale.

8 fr.

383. Goncourt (Edmond et Jules de). L'Art du dix-huitième siècle. Étude sur différents artistes. *Paris, Dentu,* 1860-1875, 12 livraisons gr. in-4, papier de Hollande, avec 38 eaux-fortes, demi-rel. mar. rouge, dos et coins, tête dor., non rogné. (*Reymann.*)

> Contient : Watteau. — Prudhon. — Les Saint-Aubin. — Boucher. — Greuze. — Chardin. — Fragonard. — Debucourt. — La Tour. — Les Vignettistes Gravelot, Cochin, Eisen, Moreau. — Notules, additions, errata.

176 fr.

384. Goncourt (Edmond et Jules de). Germinie Lacerteux. *Paris, Charpentier,* 1864, in-12, broché.

> Édition originale, avec la couverture.

15 fr.

385. Goncourt (Edmond et Jules de). Henriette Maréchal, drame en trois actes en prose, précédé d'une histoire de la pièce. *Paris, Librairie internationale,* 1866, in-8, cart., non rogné.

> Édition originale.

7 fr.

386. GONCOURT (Edmond et Jules de). L'Amour au XVIIIᵉ siècle. *Paris, Dentu,* 1875, in-8, frontispice de Boilvin, texte encadré, demi-rel. mar. citron, dos et coins, tête dor., non rogné. (*Reymann.*)

Édition originale. Exemplaire tiré sur papier de Chine, avec la couverture.

387. GONCOURT (Edmond de). Les Frères Zemganno. *Paris, Charpentier,* 1879, in-12, broché.

388. GONDINET (Edmond). La Cravate blanche, comédie en un acte en vers. *Paris, Michel Lévy,* 1867, in-12, cart., non rogné. — Les Grandes Demoiselles, comédie en un acte en prose. *Paris, Michel Lévy,* 1868, in-12, cart., non rogné. — Christiane, comédie en quatre actes en prose. *Paris, Michel Lévy,* 1872, in-8, cart., non rogné.

Éditions originales avec les couvertures.

389. GONSE (Louis). Eugène Fromentin, peintre et écrivain, ouvrage augmenté d'un voyage en Égypte et d'autres notes et morceaux inédits de Fromentin, illustré de gravures hors texte et dans le texte. *Paris, Quantin,* 1881, gr. in-8, demi-rel. mar. rouge, coins, dos orné, tête dor., non rogné. (*Reymann.*)

Exemplaire tiré sur papier de Hollande avec figures en double état avant la lettre sur papier du Japon, avec la lettre sur papier de Hollande.

390. GOURDAULT (Jules). L'Italie, illustrée de 450 gravures sur bois. *Paris, Hachette,* 1877, in-4, demi-rel. mar. bleu, dos et coins, tête dor., non rogné. (*Reymann.*)

Première édition, exemplaire tiré sur papier de Chine.

391. GOURDAULT (Jules). La Suisse. Études et voyages à travers les 22 cantons. Ouvrage illustré de 750 gravures sur bois. *Paris, Hachette,* 1879-1880, 2 vol. gr. in-4, mar. vert jans., tr. dor.

Exemplaire de premier tirage.

392. GOZLAN (Léon). Le Dragon rouge. *Paris, au Comptoir des imprimeurs unis,* 1843, 2 vol. in-8, brochés.

Édition originale, avec les couvertures.

393. Gozlan (Léon). Ève, drame en cinq actes et en prose. *Paris, Baudry,* 1843, in-8, broché. — Le Gâteau des Reines, comédie en cinq actes en prose. *Paris, Michel Lévy,* 1855, in-12, broché. — Il faut que jeunesse se paye, comédie en quatre actes en prose. *Paris, Michel Lévy,* 1858, in-12, broché.

Éditions originales, avec les couvertures.

394. Gozlan (Léon). Aristide Froissard. *Paris, H. Souverain,* 1844, 2 vol. in-8, brochés.

Édition originale, avec les couvertures.

395. Gozlan (Léon). Aventures merveilleuses et touchantes du prince Chènevis et de sa jeune sœur. Vignettes par Bertall. *Paris, Hetzel,* 1846, in-12, cart., non rogné.

396. Gozlan (Léon). Les Vendanges nouvelles. *Paris, Michel Lévy,* 1853, in-12, broché.

Édition originale. Envoi autographe de l'auteur : « A mon excellent ami Siraudin. »

397. Gozlan (Léon). Mœurs théâtrales. La Comédie des comédiens. *Paris, V. Lecou,* 1853, in-12, broché.

Édition originale, avec la couverture.

398. Gozlan (Léon). Le Tapis vert, contes et nouvelles. *Paris, Michel Lévy,* 1855, in-12, broché.

Édition originale, avec la couverture.

399. Grandville. Les Métamorphoses du jour. *Paris, Bulla,* 1829, in-4 oblong, demi-rel. mar. rouge, tr. jas.

Bel exemplaire de ce très rare recueil composé de 73 lithographies coloriées contenant le titre illustré et la préface d'Achille Comte.

400. Grandville. Les Métamorphoses du jour, accompagnées d'un texte par A. Second, L. Lurine, C. Caraguel, T. Delord, L. Huart, Ch. Monselet, etc., précédées d'une notice sur Grandville par Ch. Blanc. *Paris, G. Havard,* 1854, gr. in-8, fig. col., demi-rel. mar. vert, dos et coins, tête dor., non rogné. (*Reymann.*)

70 planches coloriées, avec la couverture.

401. Grandville. Un autre monde. Visions, transformations, incarnations, ascensions, locomotions, explorations, sta-

85 fr.
conquet

tions, etc., texte par Taxile Delord. *Paris, H. Fournier*, 1844, gr. in-8, demi-rel. mar. orange, dos et coins, tête dor., non rogné.

Frontispice et 36 planches coloriées, avec la couverture.

70 fr.
Porquet

402. GRANDVILLE. Cent proverbes, texte par T. Delord, A. Achard et A. Frémy. *Paris, Fournier,* 1845, gr. in-8, fig., demi-rel. mar. bleu, dos et coins, tête dor., non rogné. (*Reymann*.)

Exemplaire de premier tirage, avec la couverture.

40 fr.
Porquet

403. GRANDE VILLE (la). Nouveau tableau de Paris, comique, critique et philosophique, par Ch.-Paul de Kock, Balzac, Dumas, etc., illustrations de Gavarni, V. Adam, Daumier, Daubigny, H. Émy, etc. *Paris, Marescq,* 1844, 2 tomes en 1 vol. gr. in-8, demi-rel. mar. vert, dos et coins, tête dor., non rogné. (*Alld.*)

10 fr.

404. GUINOT (Eugène). L'Été à Bade, illustré par Tony Johannot, Eug. Lami, Français et Jacquemot. *Paris, Furne et Bourdin, s. d.* (1847), gr. in-8, avec costumes coloriés et carte, mar. ch. bleu, fers spéciaux, tr. dor.

8 fr.

405. GUTTINGUER (Ulric). Le Bal, poème moderne, suivi de poésies. *Paris, Ladvocat,* 1824, in-18, broché.

Édition originale avec la couverture.

4 fr.

406. GUTTINGUER (Ulric). Les Deux Ages du poète. *Paris, Fontaine,* 1844, in-12, broché.

Édition originale.

18 fr.
conquet

407. HALÉVY (Ludovic). Un Scandale. *Paris, Libraire nouvelle,* 1860, in-12, demi-rel. mar. rouge, tête dor., non rogné.

Édition originale, avec la couverture.

46 fr.
Porquet

408. HALÉVY (Ludovic). Madame et Monsieur Cardinal, douze vignettes par Edmond Morin. *Paris, C. Lévy, s. d.,* in-12, demi-rel. mar. bleu jans., dos et coins, tête dor., non rogné.

Édition originale. L'un des 50 exemplaires imprimés sur papier de Hollande, avec le tirage à part des vignettes et la couverture.

409. HALÉVY (Ludovic). Les Petites Cardinal, douze vignettes

par Henry Maigrot. *Paris, C. Lévy,* 1880, in-12, demi-rel. mar. bleu, dos et coins, tête dor., non rogné.

Édition originale. L'un des 25 exemplaires imprimés sur papier de Chine, avec les vignettes tirées à part et la couverture.

46 fr.
Porquet

410. Halévy (Ludovic). L'abbé Constantin. *Paris, C. Lévy.* 1882, in-12, demi-rel. mar. bleu, dos et coins, tête dor., non rogné. (*Reymann.*)

Édition originale, avec la couverture.

24 fr.
Porquet

411. Halévy (Ludovic). La Famille Cardinal. *Paris, C. Lévy,* 1883, pet. in-8, fig. de E. Mas, gravées par Massard, broché.

Exemplaire sur papier vergé, avec la couverture.

59 fr.
Couquet

412. Halévy (Ludovic). La Famille Cardinal. *Paris, C. Lévy,* 1883, pet. in-8, demi-rel. mar. bleu, dos et coins, tête dor., non rogné. (*Reymann.*)

Exemplaire tiré sur papier vergé, avec la couverture.

16 fr.

413. Halévy (Ludovic). Criquette. *Paris, C. Lévy,* 1883, in-12, demi-rel. mar. bleu, dos et coins, tête dor. non rogné. (*Reymann.*)

Édition originale, avec la couverture.

11 fr.
Porquet

414. Havard (Henry). La Hollande à vol d'oiseau. Eaux-fortes et fusains par Maxime Lalanne. *Paris, Decaux et Quantin,* 1881, gr. in-8, demi-rel. mar. bleu, dos et coins, tête dor., non rogné. (*Reymann.*)

L'un des 100 exemplaires imprimés sur grand papier de Hollande, auquel on a ajouté la suite des figures tirée sur papier de Chine, épreuves avant la lettre.

42 fr.

415. Havard (Henry). L'Art à travers les mœurs, illustrations par C. Goutzwiller. *Paris, Decaux-Quantin,* 1882, gr. in-8, broché.

L'un des 100 exemplaires tirés sur papier de Hollande, avec la couverture.

31 fr.

416. Henriet (Frédéric). Le Paysagiste aux champs. Croquis d'après nature. 12 eaux-fortes par Corot, Daubigny, L. Desbrosses, M. Lalanne, Lhermitte, Pèquègnot, Portier. *Paris, A. Faure,* 1866, gr. in-8, demi-rel. mar. vert, dos et coins, tête dor., non rogné. (*Reymann.*)

L'un des 25 exemplaires tirés sur papier de Hollande, avec les

30 fr.

eaux-fortes, épreuves en double état, sur papier de Chine avant la lettre et sur papier blanc avec la lettre.

417. HISTOIRE DRAMATIQUE, pittoresque et caricaturale de la sainte Russie, commentée et illustrée de 500 magnifiques gravures par Gustave Doré. *Paris, J. Bry, s. d.*, gr. in-8, demi-rel. mar. brun, dos et coins, tête dor., non rogné.

Avec la couverture.

418. HOFFMANN. Contes fantastiques. Traduction nouvelle par P. Christian. Illustrés par Gavarni. *Paris, Lavigne*, 1843, gr. in-8, demi-rel. mar. ch. bleu, non rogné.

419. HOMÈRE. Iliade et Odyssée. Traduction nouvelle par Leconte de Lisle. *Paris, Lemerre*, 1867-1868, 2 vol. gr. in-8, demi-rel. mar. rouge, dos et coins, tête dor., non rognés. *(David.)*

Exemplaire tiré sur papier de Hollande.

420. HORACE. Œuvres. Traduction nouvelle par Leconte de Lisle. *Paris, Lemerre*, 1873, 2 vol. pet. in-12, brochés.

L'un des 35 exemplaires tirés sur papier de Chine, avec le frontispice avant la lettre, en noir et en bistre.

421. HOUSSAYE (Arsène). Le Royaume des roses. Vignettes par Gérard Séguin. *Paris, E. Blanchard*, 1851, in-8, cart., non rogné.

422. HOUSSAYE (Arsène). La Comédie-Française, 1680-1880. *Paris, L. Baschet*, 1880, gr. in-fol. demi-rel. mar. La Vallière, dos et coins, tête dor., non rogné.

Exemplaire tiré sur papier de Hollande, avec les photogravures sur papier du Japon.

423. HUART (Louis). Paris au bal. 60 vignettes par Cham (de Noé). *Paris, Aubert et Cⁱᵉ*, 1845, in-8, demi-rel. mar. bleu, dos et coins, tête dor., non rogné.

Exemplaire relié sur brochure, avec la couverture.

424. HUART (Louis). Ulysse, ou les Porcs vengés. — Steeplechase. — Les Bals publics. *Paris, Garnier*, 1852, avec vignettes par Cham, Daumier, E. de Beaumont, in-12, broché.

Avec la couverture.

425. HÜBNER (baron de). Promenade autour du monde, 1871. Édition illustrée de 316 gravures dessinées sur bois. *Paris, Hachette*, 1877, in-fol. demi-rel. mar. rouge, dos et coins, tête dor., non rogné. (*Reymann.*)

Exemplaire tiré sur papier de Chine.

60 fr.
Rouquette

426. HUGO (Victor). Œuvres. *Paris, Charpentier*, 1844-1850, 15 vol. in-12, brochés.

Odes et Ballades. — Orientales. — Feuilles d'automne. — Voix intérieures. — Han d'Islande. — Notre-Dame de Paris, 2 vol. — Le Rhin, 3 vol. — Théâtre, 3 vol. — Cromwell. — Littérature et Philosophie.

63 fr.

427. HUGO (Victor). Œuvres. *Paris, Hachette, Hetzel et Lecou*, 1857, 9 vol. in-18, brochés.

Contient : Orientales. — Feuilles d'automne. — Voix intérieures. — Odes et Ballades. — Rayons et Ombres. — Dernier jour d'un condamné. — Chants du crépuscule. — Le beau Pécopin.

31 fr.

428. HUGO (Victor). Œuvres poétiques. — Odes et Ballades. — Les Orientales. — Les Feuilles d'automne. — Les Voix intérieures. — Les Chants du crépuscule. — Les Rayons et les Ombres. — Les Chansons des rues et des bois. — La Légende des siècles. — Les Contemplations. Édition elzévirienne. Ornements par E. Froment. *Paris, Hetzel*, 1869-1870, 10 vol. in-12, demi-rel. mar. bleu, dos et coins, tête dor., non rognés. (*Reymann.*)

Très bel exemplaire tiré sur papier de Chine.

180 fr.
Conquet

429. HUGO (Victor). Œuvres. *Paris, Lemerre*, 1875-1881, 19 vol. in-12, brochés.

Exemplaire tiré sur papier de Chine.

22 fr.
Rouquette

430. HUGO (Victor). Odes et poésies diverses. *Paris, Pélicier*, 1822, pet. in-12, mar. rouge jans., dent. int., tr. dor.(*Cuzin.*)

Très bel exemplaire de l'édition originale, relié sur brochure, avec la couverture. Sur le faux-titre, cette dédicace : « A Monsieur Raynouard, offert par l'auteur. V. »

2 o fr.
Porquet

431. HUGO (Victor). Nouvelles Odes. *Paris, Ladvocat*, 1824, pet. in-12, frontispice de Devéria, mar. rouge jans., dent. int., tr. dor. (*Cuzin.*)

Bel exemplaire de l'édition originale, relié sur brochure.

71 fr.
Conquet

50 fr.
Rouquette.

432. Hugo (Victor). Le Sacre de Charles X. Ode. *Paris, Lad-vocat, s. d.* (1825), gr. in-8, broché.

Édition originale. — Envoi autographe de l'auteur : « A mon aimable camarade de voyage Alaux, en témoignage d'amitié. Victor Hugo. »

150 fr.
Rouquette

433. Hugo (Victor). Odes et Ballades. *Paris, Ladvocat,* 1826, pet. in-12, frontispice de Devéria (les Deux Iles), en double épreuve, avant la lettre et avec la lettre, mar. rouge jans., dent. int., tr. dor. (*Cuzin.*)

Bel exemplaire de l'édition originale, relié sur brochure.

340 fr.
Morgand

434. Hugo (Victor). Les Orientales. *Paris, Ch. Gosselin et H. Bossange,* 1829, in-8, frontispice sur papier de Chine, mar. bleu, dos orné, compartiments de filets sur les plats, coins dorés, dent. int., tr. dor. (*Cuzin.*)

Superbe exemplaire de l'édition originale, avec la couverture. Il contient le prospectus des Œuvres complètes de Victor Hugo, signé des initiales E. T. (Sainte-Beuve.)

470 fr.
morgand

435. Hugo (Victor). Les Orientales (d'après l'édition originale). Illustrées de 8 compositions de MM. Gérome et Benjamin Constant, gravées par de Los Rios. *Paris, Imprimé pour les amis des livres, par G. Chamerot,* 1882, in-4, mar. rouge doublé de mar. bleu, dos orné, filets, large dent. int., tr. dor. (*Cuzin.*)

Très bel exemplaire imprimé sur papier du Japon.

950 fr.
Porquet

436. HUGO (Victor). LES FEUILLES D'AUTOMNE. *Paris, Eug. Renduel,* 1832, in-8, frontispice d'après Tony Johan-not, demi-rel. mar. brun, dos orné, non rogné.

Édition originale. Très bel exemplaire, tiré sur papier de Chine, avec un envoi autographe de Victor Hugo à Jules Janin.

175 fr.
Rouquette

437. Hugo (Victor). Les Feuilles d'automne. *Paris, Eug. Renduel,* 1832, in-8, frontispice d'après Tony Johannot, demi-rel. mar. rouge, dos et coins, non rogné.

Édition originale. Très bel exemplaire.

60 fr.
Porquet

438. Hugo (Victor). Les Chants du crépuscule. *Paris, Eug. Renduel,* 1835, in-8, demi-rel., dos et coins mar. rouge, tête dor., non rogné. (*Lemardeley.*)

Édition originale.

439. Hugo (Victor). Les Voix intérieures. *Paris, Eug. Renduel*, 1837, in-8, mar. brun, dent. int., tr. dor. (*Cuzin.*)

Très bel exemplaire de l'édition originale, relié sur brochure, avec la couverture et le catalogue de Renduel.

78 fr. morgand

440. Hugo (Victor). Les Rayons et les Ombres. *Paris, Delloye*, 1840, in-8, demi-rel. mar. rouge, dos et coins, tête dor., non rogné. (*Lemardeley.*)

Édition originale. Très bel exemplaire.

34 fr. morgand

441. Hugo (Victor). Le Retour de l'empereur. *Paris, Delloye*, 1840, in-8, demi-rel. mar. rouge, dos et coins, tête dor., non rogné. (*Lemardeley.*)

Édition originale.

15 fr. morgand

442. Hugo (Victor). Les Châtiments. *Paris, Michel Lévy*, 1875, gr. in-8, demi-rel. mar. rouge, dos et coins, tête dor., non rogné. (*Reymann.*)

L'un des 80 exemplaires tirés sur papier de Hollande.

30 fr. conquet

443. Hugo (Victor). La Légende des siècles. Première série. *Paris, Michel Lévy*, 1859, 2 vol. gr. in-8, mar. rouge, dos ornés, fil., dent. intér., tr. dor. (*Duru.*)

Édition originale. — Exemplaire tiré sur papier de Hollande, contenant comme frontispice un dessin colorié et signé de V. Hugo, avec cette légende : « Compostelle. Le petit roi de Galice. » En regard, cette dédicace : A celui qui, comme poète et comme ami, est inépuisable, à la plume vaillante et ailée, au noble cœur qui comprend et qui célèbre la victoire des vaincus, à l'homme qui, depuis trente ans, est un des éblouissements de Paris, à Jules Janin, Victor Hugo. H. H. 1er janvier 1860. »

800 fr. Porquet

444. Hugo (Victor). La Légende des siècles. Nouvelle série. *Paris, C. Lévy*, 1877, 2 vol. gr. in-8, demi-rel. mar. rouge, dos et coins, tête dor., non rognés. (*Reymann.*)

Édition originale. L'un des 40 exemplaires tirés sur papier de Hollande.

30 fr. morgand

445. Hugo (Victor). La Légende des siècles. *Paris, Michel Lévy*, 1859-1883, 5 vol. in-8, brochés.

Édition originale, avec les couvertures.

36 fr. Rouquette

446. Hugo (Victor). Les Chansons des rues et des bois. *Paris,*

18 fr. *Lacroix,* 1866, gr. in-8, demi-rel. mar. rouge, dos et coins, tête dor., non rogné.

Édition originale. Exemplaire tiré sur papier de Hollande, provenant de la bibliothèque de J. Janin.

23 fr.
Rouquette

447. Hugo (Victor). L'Année terrible. *Paris, Michel Lévy,* 1872, gr. in-8, demi-rel. mar. bleu, dos et coins, tête dor., non rogné. (*Reymann.*)

Édition originale. L'un des 150 exemplaires tirés sur papier de Hollande.

44 fr.
Conquet

448. Hugo (Victor). L'Année terrible. Illustrations de L. Flameng et D. Vierge. *Paris, Michel Lévy,* 1874, gr. in-8, demi-rel. mar. brun, dos et coins, tête dor., non rogné. (*Reymann.*)

L'un des 20 exemplaires tirés sur papier de Chine.

24 fr.
Rouquette

449. Hugo (Victor). L'Art d'être grand-père. *Paris, C. Lévy.* 1877, gr. in-8, demi-rel. mar. bleu, dos et coins, tête dor., non rogné. (*Reymann.*)

Édition originale. L'un des 40 exemplaires tirés sur papier de Hollande.

6 fr.

450. Hugo (Victor). L'Art d'être grand-père. *Paris, C. Lévy,* 1877, gr. in-8, broché.

Édition originale, avec la couverture.

3 fr.

451. Hugo (Victor). Le Pape. *Paris. C. Levy.* 1878, in-8, broché.

Édition originale, avec la couverture.

7 fr.

452. Hugo (Victor). L'Ane. *Paris, C. Lévy,* 1880, gr. in-8, demi-rel., dos et coins mar. bleu, tête dor., non rogné. (*Reymann.*)

Édition originale. L'un des 40 exemplaires tirés sur papier de Hollande.

3 fr.

453. Hugo (Victor). L'Ane, *Paris, C. Lévy,* 1880, in-8, broché.

Édition originale, avec la couverture.

2 fr.

454. Hugo (Victor). Religions et Religion. *Paris, C. Lévy,* 1880, in-8, broché.

Édition originale, avec la couverture.

455. Hugo (Victor). Les Quatre vents de l'Esprit. *Paris. Het-*

zel et Quantin, 1881, 2 vol. gr. in-8, demi-rel. mar. La Vallière, dos et coins, tr. dor. (*Reymann.*)

21 fr.

Édition originale. L'un des 30 exemplaires tirés sur papier de Hollande.

456. Hugo (Victor). Les Quatre vents de l'Esprit. *Paris, Hetzel-Quantin*, 1881, 2 vol. gr. in-8, brochés.

4 fr.

Édition originale, avec les couvertures.

457. Hugo (Victor). Cromwell. *Paris, Amb. Dupont*, 1828, in-8, mar. rouge jans., dent. int., tr. dor. (*Cuzin.*)

88 fr.
morgand

Édition originale. Exemplaire relié sur brochure.

458. Hugo (Victor). Hernani, ou l'Honneur castillan. Drame. *Paris, Mame et Delaunay-Vallée*, 1830, in-8, demi-rel. mar. rouge, dos et coins, tête dor., non rogné. (*Perreau.*)

51 fr.
couquet

Édition originale avec la signature *Hierro* et la note aux comédiens.

459. Hugo (Victor). Hernani. Drame en cinq actes en vers. *Paris, C. Lévy*, 1878, gr. in-8, mar. rouge jans., dent. int., tr. dor., non rogné. (*Marius-Michel.*)

41 fr.
Rouquette

L'un des 20 exemplaires tirés sur papier de Chine, avec la figure en triple état tirée sur papier de Hollande, de Chine et du Japon. Épreuves avant la lettre.

460. Hugo (Victor). Marion de Lorme. Drame. *Paris, Eug. Renduel*, 1831, in-8, mar. rouge jans., dent. int., tr. dor. (*Cuzin.*)

300 fr.
Rouquette

Très bel exemplaire de l'édition originale, relié sur brochure et avec le catalogue de Renduel.

461. Hugo (Victor). Marion de Lorme. Drame de Victor Hugo. Huit dessins de Louis Boullenger (*sic*), gravés par Branche, à l'eau-forte sur acier, accompagnés d'une analyse de la pièce. *Paris, Barthélemy et L. Janet*, 1832, pet. in-8 obl., broché.

33 fr.

2e livraison du Musée théâtral. Galerie pittoresque.

462. Hugo (Victor). Marion de Lorme. *Paris, Michel Lévy*, 1873, gr. in-8, frontispice de L. Flameng, mar. rouge jans., dent. int., tr. dor. (*Marius-Michel.*)

45 fr.
maillet

L'un des 25 exemplaires tirés sur papier de Chine.

14 fr.
Renard

463. Hugo (Victor). Marion de Lorme. *Paris, Michel Lévy,* 1873, gr. in-8, frontispice de L. Flameng, broché.

Exemplaire tiré sur papier de Hollande.

200 fr.
morgand

464. Hugo (Victor). Le Roi s'amuse. Drame. *Paris, Eug.* *Renduel,* 1832, in-8, frontispice de Tony Johannot sur papier de Chine, mar. rouge jans., dent. int., tr. dor. (*Cuzin.*)

Très bel exemplaire de l'édition originale relié sur brochure.

110 fr.
Rouquette

465. Hugo (Victor). Le Roi s'amuse. *Paris, Société de publi-* *cations périodiques,* 1883, in-4, demi-rel. mar. bleu, dos et coins, tête dor., non rogné. (*Reymann.*)

L'un des 50 exemplaires tirés sur papier du Japon.

320 fr.

466. Hugo (Victor). Lucrèce Borgia. Drame. *Paris, E. Renduel,* 1833, gr. in-8, frontispice de Célestin Nanteuil tiré sur papier de Chine, mar. rouge jans., dent. int., tr. dor. (*Cuzin.*)

Édition originale. Très bel exemplaire relié sur brochure, con-tenant la seconde et rarissime eau-forte de Nanteuil, tirée sur papier de Chine, représentant la salle du festin au palais Negroni. — On y a ajouté une gravure de Raffet sur papier de Chine, traitant le même sujet.

305 fr.

467. Hugo (Victor). Marie Tudor. *Paris, E. Renduel,* 1833, in-8, frontispice de Célestin Nanteuil, mar. rouge jans., dent. int., tr. dor. (*Cuzin.*)

Très bel exemplaire de l'édition originale, relié sur brochure.

290 fr.

468. Hugo (Victor). Angelo, tyran de Padoue. *Paris, E. Ren-* *duel,* 1835, in-8, mar. rouge jans., dent. int., tr. dor. (*Cuzin.*)

Très bel exemplaire de l'édition originale relié sur brochure auquel on a ajouté deux portraits de Marie Dorval dans le costume de Catarina, l'un lithographié par C. Nanteuil et l'autre gravé par C. Rogier.

26 fr.
maillet

469. Hugo (Victor). La Esmeralda. Opéra en quatre actes. *Paris, Maurice Schlesinger,* 1836, gr. in-8 à deux colonnes, broché.

Édition originale, avec la couverture.

470. Hugo (Victor). Ruy Blas. *Paris, Delloye*, 1838, in-8, mar. rouge jans., dent. int., tr. dor. (*Cuzin.*)

> Très bel exemplaire de l'édition originale, relié sur brochure, avec envoi autographe. « A mon cher et excellent ami Taylor. V. H. »

200 fr.

471. Hugo (Victor). Ruy Blas. Drame en cinq actes, en vers. *Paris, Michel Lévy*, 1872, gr. in-8, frontispice à l'eau-forte d'E. Morin, mar. rouge jans., dent. int., tr. dor. (*Marius-Michel.*)

> L'un des 25 exemplaires tirés sur papier de Chine.

38 fr.
Conquet

472. Hugo (Victor). Ruy Blas. Drame en cinq actes, en vers. *Paris Michel Lévy*, 1872, gr. in-8, frontispice d'E. Morin, broché.

13 fr.
conquet

473. Hugo (Victor). Les Burgraves. Trilogie. *Paris, E. Michaud*, 1843, in-8, mar. rouge jans., dent. int., tr. dor. (*Cuzin.*)

> Édition originale. Bel exemplaire relié sur brochure.

90 fr.

474. Hugo (Victor). Les Burgraves. Trilogie. *Paris, E. Michaud*, 1843, in-8, cart., ébarbé, non rogné.

> Édition originale.

18 fr.
maillet

475. Hugo (Victor). Torquemada. Drame en quatre actes. *Paris, C. Lévy*, 1882, in-8, broché.

> Édition originale. Exemplaire tiré sur papier du Japon.

10 fr.
Greppe

476. Hugo (Victor). Torquemada. Drame en quatre actes. *Paris, C. Lévy*, 1882, in-8, broché.

> Édition originale. Exemplaire tiré sur papier de Chine.

5.50

477. Hugo (Victor). Torquemada. Drame en quatre actes. *Paris, C. Lévy*, 1882, in-8, broché.

1.50

478. Ose-trop-Goth. Toquémalade. Parodie méli-mélodrame-à-tics médicinaux. *Paris, chez un marchand et pour les amateurs de romantiques, à l'aube du vingtième siècle*, gr. in-8, fig., demi-rel. mar. rouge, dos et coins, tète dor., non rogné. (*Reymann.*)

> L'un des 10 exemplaires imprimés sur papier du Japon, avec les figures tirées à part, et la couverture.

30 fr.
Conquet

95 fr.
Rouquette

479. Hugo (Victor). Han d'Islande. *Paris, Persan,* 1823, 4 vol. in-12, mar. rouge jans., dent. int., tr. dor. (*Cuzin.*)

Édition originale.

59 fr.
conquet

480. Hugo (Victor). Bug-Jargal. *Paris, Urbain Canel,* 1826, pet. in-12, front. de Devéria, demi-rel. mar. vert, dos et coins, tête dor., non rogné. (*Allô.*)

Édition originale. Avec dédicace de « L'auteur à son ami M. Ancelot. »

30 fr.

81. Hugo (Victor). Le Dernier jour d'un condamné. *Paris, Ch. Gosselin,* 1829, in-12, avec fac-similé, cart.

Édition originale.

1,581 fr.
morgand

482. HUGO (Victor). NOTRE-DAME DE PARIS. *Paris, Ch. Gosselin,* 1831, 2 vol. in-8, mar. rouge, doublé de mar. bleu, fil., tr. dor. (*Cuzin.*)

Superbe exemplaire de l'édition originale relié sur brochure et non rogné. Il est orné d'une très riche reliure à compartiments de filets sur le dos et sur les plats, parfaitement exécutée par M. Cuzin.

23 fr.
Rouquette

483. Hugo (Victor). Notre-Dame de Paris. *Paris, Ch. Gosselin,* 1831, 2 vol. in-8, demi-rel. mar. rouge, ébarbés.

Les mots *seconde édition* ont été grattés sur le titre des deux volumes.

12 fr.
Paul meurice

484. Hugo (Victor). Notre-Dame de Paris. *Paris, Ch. Gosselin,* 1831, 4 vol. in-12, vignettes de Tony Johannot sur les titres, demi-rel. v. brun, tr. marb.

92 fr.
Grappe

485. Hugo (Victor). Notre-Dame de Paris. *Paris, Renduel,* 1832, 3 vol. in-8, cart., non rognés.

Édition définitive.

60 fr.
Grappe

486. Hugo (Victor). Notre-Dame de Paris. *Paris, Eugène Renduel,* 1836, in-8, fig. (12) d'après L. Boulanger, A. et T. Johannot, Raffet, Rogier et Rouargue, veau fauve, fers à froid, tr. dor.

Exemplaire de premier tirage, avec les figures sur papier de Chine, avant la lettre (trois pièces sont avec la lettre.)

16 fr.
Rouquette

487. Hugo (Victor). Notre-Dame de Paris. *Paris, Eugène Renduel,* 1836, 3 vol. in-8, fig. de L. Boulanger, A. et T. Johannot, Raffet, Rogier, etc., demi-rel. mar. violet, non rognés.

488. Hugo (Victor). Notre-Dame de Paris. Édition illustrée

d'après les dessins de MM. E. de Beaumont, L. Boulanger, Daubigny, Tony Johannot, Lemud, Meissonier, C. Roqueplan, etc.; gravés par les artistes les plus distingués.
Paris, Perrotin, 1844, gr. in-8, demi-rel. mar. violet, non
rogné.

178 fr.
Porquet

> Bel exemplaire de la première édition auquel on a ajouté une
> épreuve avant la lettre tirée sur papier de Chine de : *Paris à vol d'oi-
> seau, XVᵉ siècle,* et deux épreuves, l'une avant la lettre, l'autre avec
> la lettre du dessin de Tony Johannot, intitulé : *Quasimodo au pilori,*
> tirées sur papier du Japon et sur papier de Hollande.

489. Hugo (Victor). Notre-Dame de Paris. Nouvelle édition
illustrée. *Paris, Eugène Hugues,* 1882, 2 tomes en 1 vol. gr.
in-8, demi-rel. mar. bleu, dos et coins, tête dor., non rogné.
(*Reymann.*)

41 fr.
couquet

> L'un des 25 exemplaires tirés sur papier de Chine.

490. Hugo (Victor). Claude Gueux. Extrait de la Revue de
Paris. *Paris, Everat,* 1834, gr. in-8, broché.

70 fr.
Rouquette

> Édition originale, avec la couverture.

491. Hugo (Victor). Le Rhin. Lettres à un ami. *Paris, Delloye,* 1842. 2 vol. in-8, mar. rouge jans., dent. int., tr. dor.
(*Cuzin.*)

100 fr.

> Très bel exemplaire de l'édition originale, relié sur brochure.

492. Hugo (Victor). Les Misérables. *Paris, Pagnerre,* 1862,
10 vol. gr. in-8, demi-rel. mar. bleu, dos et coins, tête dor.,
non rognés. (*Reymann.*)

78 fr.

> Édition originale. Exemplaire tiré sur papier de Hollande.

493. Hugo (Victor). Les Misérables. Nouvelle édition illustrée. *Paris, Eugène Hugues,* 1882, 5 vol. gr. in-8, demi-
rel. mar. rouge, dos et coins, tête dor., non rognés.

120 fr.
Rouquette

> Exemplaire tiré sur papier de Chine, avec les couvertures.

494. Hugo (Victor). William Shakespeare. *Paris, Lacroix,*
1864, gr. in-8, vélin, dos orné, tête dor., non rogné.

17 fr.

> Édition originale. Exemplaire tiré sur papier de Hollande avec
> envoi autographe : « A Jules Janin. Son confrère Victor Hugo. »

495. Hugo (Victor). Les Travailleurs de la mer. *Paris, La-*

32 fr.
Rouquette

croix, 1866, 3 vol. gr. in-8, demi-rel. mar. vert, dos et coins, tête dor., non rognés. (*Reymann.*)

Édition originale. Exemplaire tiré sur grand papier vélin teinté.

63 fr.
Piet

496. HUGO (Victor). Dessins pour les Travailleurs de la mer, gravures de F. Méaulle. *Paris*, 1882, in-4, demi-rel. mar. brun, dos et coins, tête dor., non rogné.

L'un des 70 exemplaires tirés sur papier du Japon.

45 fr.
Greppe

497. HUGO (Victor). Les Travailleurs de la mer. Illustrations de Daniel Vierge. *Paris, Librairie illustrée,* 1876, gr. in-8, demi-rel. mar. rouge, dos et coins, tête dor., non rogné.

Avec la couverture.

45 fr.
Greppe

498. HUGO (Victor). Les Travailleurs de la mer. Nouvelle édition illustrée, dessins de Victor Hugo, Chifflart et D. Vierge. *Paris, Eugène Hugues, s. d.* (1883), gr. in-8, demi-rel. mar. vert, dos et coins, tête dor., non rogné. (*Rëymann.*)

Exemplaire tiré sur papier de Chine.

40 fr.

499. HUGO (Victor). L'Homme qui rit. *Paris, Lacroix,* 1869, 4 vol. gr. in-8, demi-rel. mar. vert, dos et coins, tête dor., non rognés. (*Reymann.*)

Édition originale. Exemplaire tiré sur papier de Hollande.

31 fr.
Rouquette

500. HUGO (Victor). L'Homme qui rit. Illustrations de D. Vierge. *Paris, Polo,* 1885, gr. in-8, demi-rel. mar. rouge, dos et coins, tête dor., non rogné. (*Lemardeley.*)

Avec la couverture.

50 fr.

501. HUGO (Victor). Quatrevingt-treize. *Paris, Michel Lévy,* 1874, 3 vol. gr. in-8, demi-rel. mar. rouge, dos et coins, tête dor., non rognés. (*Reymann.*)

Édition originale. L'un des 50 exemplaires tirés sur papier de Hollande.

50 fr.

502. HUGO (Victor). Quatrevingt-treize. Édition illustrée. *Paris, Eugène Hugues,* 1877, gr. in-8, demi-rel. mar. rouge, dos et coins, tête dor., non rogné.

L'un des 25 exemplaires tirés sur papier de Chine, avec la couverture.

503. Hugo (Victor). Mes Fils. *Paris, Michel Lévy,* 1874, gr. in-8, mar. rouge jans., dent. int., tr. dor. (*Marius-Michel.*)

Édition originale. Exemplaire tiré sur papier de Chine et relié sur brochure.

30 fr.

504. Hugo (Victor). Napoléon le Petit. *Paris, Michel Lévy,* 1875, gr. in-8, demi-rel. mar. rouge, dos et coins, tête dor., non rogné. (*Reymann.*)

L'un des 50 exemplaires tirés sur papier de Hollande. Petit raccommodage au faux titre.

22 fr. Conquet

505. Hugo (Victor). Napoléon le Petit. Édition illustrée par J.-P. Laurens, Bayard, Morin, Vierge, Scott, Bellenger, etc. *Paris, Eugène Hugues,* 1879, gr. in-8, demi-rel. mar. rouge, dos et coins, tête dor., non rogné. (*Reymann.*)

L'un des 30 exemplaires tirés sur papier vélin.

30 fr.

506. Hugo (Victor). Actes et Paroles avant, pendant et depuis l'exil 1841-1870. *Paris, Michel Lévy frères,* 1875, 3 vol. in-8, demi-rel. mar. vert, dos et coins, tête dor., non rognés. (*Reymann.*)

Édition originale. Exemplaire tiré sur papier de Hollande.

42 fr. Conquet

507. Hugo (Victor). Histoire d'un crime. Déposition d'un témoin. *Paris, C. Lévy,* 1877, 2 vol. gr. in-8, demi-rel. mar. bleu, dos et coins, tête dor., non rognés.

Édition originale. L'un des 40 exemplaires tirés sur papier de Hollande.

26 fr. Rouquette

508. Hugo (Victor). Histoire d'un crime. Déposition d'un témoin. *Paris, C. Lévy,* 1877, 2 vol. in-8, brochés.

Édition originale.

7.50

509. Hugo (Victor). Histoire d'un crime. Déposition d'un témoin. Édition illustrée par J.-P. Laurens, G. Brion, D. Vierge, Lix, etc. *Paris, Hugues,* 1879, gr. in-8, demi-rel. mar. brun, dos et coins, tête dor., non rogné. (*Reymann.*)

L'un des 30 exemplaires tirés sur papier vélin.

60 fr. Conquet

510. Hugo (Victor). Discours prononcé dans la séance publique tenue par l'Académie française pour sa réception, le 3 juin 1841. *Paris, Didot frères,* 1841, in-4, broché.

13 fr.

1 fr.

511. HUGO (Victor). Discours sur la revision de la Constitution. *Paris, Librairie nouvelle,* 1851, in-8, broché.

5 fr.

512. HUGO (Victor). Douze discours: La Famille Bonaparte. — La Peine de mort. — La Misère. — La Déportation. — La Liberté de la presse, etc. *Paris, Librairie nouvelle,* 1851, gr. in-8, demi-rel. mar. rouge, dos et coins, tête dor., non rogné. (*Lemardeley.*)

13 fr.
Rouquette

513. VICTOR HUGO raconté par un témoin de sa vie (Mme Adèle Hugo). *Paris, Lacroix,* 1863, 2 vol. gr. in-8, demi-rel., dos et coins mar. bleu, tête dor., non rognés. (*Reymann.*)

Édition originale.

146 fr.
Greppe

514. LE LIVRE D'OR DE Victor Hugo, par l'élite des écrivains et des artistes contemporains. Direction littéraire de Émile Blémont. *Paris, H. Launette,* 1883, in-4, demi-rel. mar. bleu, dos et coins, tr. dor. (*Reymann.*)

Exemplaire tiré, texte et gravures, sur papier du Japon. Épreuves avant la lettre.

60 fr.
Progé

515. JACQUEMART (Albert). Histoire du mobilier. Recherches et notes sur les objets d'art qui peuvent composer l'ameublement et les collections de l'homme du monde et du curieux, avec une notice sur l'auteur par M. H. Barbet de Jouy, ouvrage contenant plus de 200 eaux-fortes typographiques, par Jules Jacquemart. *Paris, Hachette,* 1876, gr. in-8, mar. rouge jans., tête dor., non rogné.

Exemplaire tiré sur papier de Chine.

22 fr.

516. JANIN (Jules). Contes fantastiques et Contes littéraires. *Paris, A. Levavasseur et A. Mesnier,* 1832, 4 vol., in-12, cart., non rognés.

Édition originale.

6 fr.

517. JANIN (Jules). Un Cœur pour deux amours. *Paris, Ambroise Dupont,* 1837, in-8, cart., non rogné.

Édition originale avec la couverture.

518. JANIN (Jules). L'Ane mort. Édition illustrée par Tony Jo-

hannot. *Paris, Bourdin*, 1842, gr. in-8, demi-rel. mar. bleu, dos et coins, tête dor., non rogné. (*Petit.*)

2/0 fr. *Claudin*

Exemplaire tiré sur papier de Chine, texte et figures.

519. JANIN (Jules). Un Hiver à Paris. *Paris, Curmer et Aubert*, 1843, gr. in-8, fig., demi-rel. mar. bleu, dos et coins, tête dor., non rogné. (*Reymann.*)

75 fr.

Avec la couverture.

520. JANIN (Jules). La Normandie, illustrée par MM. Morel Fatio, Tellier, Gigoux, Daubigny, H. Bellangé, Alfred Johannot, etc. *Paris, Bourdin*, s. d. (1843), gr. in-8, fig., demi-rel. mar. rouge, dos et coins, non rogné.

140 fr.

Bel exemplaire tiré sur papier de Chine.

521. JOURNAL DE L'EXPÉDITION des Portes de fer, rédigé par Ch. Nodier, dessins par Raffet, Dauzats et Decamps. *Paris, Imprimerie royale*, 1844, gr. in-8, 200 vignettes gravées sur bois, dont 40 grands sujets tirés à part, mar. rouge, doublé de mar. vert, large dent., tr. dor. (*Petit.*)

2,651 fr. *morgand*

Exemplaire tiré sur papier de Chine portant sur les plats le chiffre de S. A. R. Mgr le duc d'Orléans, surmonté de la couronne royale.

522. KARR (Alphonse). Voyage autour de mon jardin, illustré par Freeman, L. Marvy, Steinheil, Meissonier, Gavarni, Daubigny et Catenacci. *Paris, Curmer et Lecou*, 1851, gr. in-8, demi-rel. mar. rouge, dos et coins, tête dor., non rogné. (*Bertrand.*)

27 fr. *Claudin*

Exemplaire imprimé sur papier de Chine, avec les planches en double état noires et coloriées.

523. KARR (Alphonse). Les Fées de la mer, vignettes par Lorentz. *Paris, E. Blanchard*, 1851, in-8, cart., non rogné.

6 fr.

Avec la couverture.

524. KARR (Alphonse). Histoire d'un Pion, suivie de l'Emploi du temps, de deux dialogues sur le courage et de l'esprit des lois, ou les voleurs volés, vignettes par Gérard Séguin. *Paris, E. Blanchard*, 1854, in-8, cart., non rogné.

8 fr.

Avec la couverture.

525. LA BÉDOLLIÈRE (Émile de). Les Industriels. Mœurs et

29 fr.
Conquet

professions en France, avec cent dessins, par Henry Monnier. *Paris, V^{ce} Janet*, 1842, gr. in-8, demi-rel. mar. bleu, dos et coins, tête dor., non rogné. (*Reymann.*)

Bel exemplaire avec la couverture.

49 fr.
Porquet

526. LA BÉDOLLIÈRE (Émile de). Histoire de la Mère Michel et de son chat, vignette par Lorentz. *Paris, Hetzel,* 1846, in-8, broché.

Avec la couverture.

8 fr.
Conquet

527. LABICHE ET DELACOUR. La Sensitive, comédie-vaudeville en trois actes. *Paris, Michel Lévy frères,* 1860, in-12, br. — Marc Michel et Labiche. Les Deux Timides, comédie-vaudeville en un acte, *Paris, Librairie nouvelle,* 1860, in-12, broché.

Éditions originales avec les couvertures.

52 fr.
Conquet

528. LABORDE (comte Alexandre de). Versailles ancien et moderne. *Paris, Everat et Cie,* 1839, gr. in-8, demi-rel. mar. rouge, dos et coins, tête dor., non rogné.

Première édition.

38 fr.
Conquet

529. LA BRUYÈRE. Les Caractères ou les Mœurs de ce siècle, suivis du discours à l'Académie et de la traduction de Théophraste. *Paris, Belin-Leprieur,* 1845, gr. in-8, avec illustrations de Granville, O. Penguilly, etc., cart., non rogné.

Avec la couverture.

120 fr.
Conquet

530. LA BRUYÈRE. Les Caractères, avec 18 gravures à l'eauforte par Foulquier. *Tours, Alfred Mame,* 1867, gr. in-8, demi-rel. mar. bleu, coins et dos ornés, tête dor., non rogné. (*Reymann.*)

8 fr.

531. LACROIX (Jules). Le Roi Lear, drame en cinq actes, en vers, imité de Shakespeare. *Paris, Michel Lévy,* 1868, in-12, cart., non rogné.

Édition originale. Envoi autographe de l'auteur à Viennet.

13 fr.
fontaine

532. LACROIX (Paul). Bibliographie moliéresque. Seconde édition. *Paris, Aug. Fontaine,* 1875, in-8, papier de Hollande, portrait d'après Lalauze, broché.

533. Lacroix (Paul). Dix-huitième siècle. — Institutions, usages et costumes (France), 1700-1789. — Lettres, sciences et arts (France), 1700-1789. *Paris, Firmin-Didot,* 1875-1878, 2 vol. in-4, demi-rel. mar. bleu, dos et coins, tête dor., non rognés. (*Allô.*)

129 fr.
Conquet

Exemplaires tirés sur papier de Chine, avec les figures avant la lettre.

534. La Fontaine. Œuvres complètes. Ornées de 30 vignettes dessinées par Devéria et gravées par Thompson. *Paris, A. Sautelet,* 1826, gr. in-8, mar. ch. noir, tête dor., non rogné.

65 fr.
Claudin

Exemplaire tiré sur papier de Chine, portant sur le faux-titre le cachet de la bibliothèque de San Donato.

535. La Fontaine. Fables choisies mises en vers par M. de La Fontaine. — Contes et Nouvelles en vers, par M. de La Fontaine, avec notice et notes par Alphonse Pauly. *Paris, Lemerre,* 1868, 4 vol. pet. in-12, mar. bleu jans., dent. int., tête dor., non rognés. (*Brany.*)

105 fr.
Rouquette

L'un des 50 exemplaires tirés sur papier de Chine.

536. La Fontaine. Fables. Édition illustrée par J.-J. Grandville. *Paris, H. Fournier,* 1838, 2 vol. gr. in-8, fig. demi-rel. veau bleu.

55 fr.
Conquet

Exemplaire de premier tirage avec le frontispice et les 120 gravures, épreuves tirées sur papier de Chine.

537. La Fontaine. Fables. Illustrations de G. Doré. *Paris, Hachette,* 1867, 2 tomes en un vol. in-fol., cart., non rogné.

340 fr. ?
Conquet

Exemplaire tiré sur papier de Chine.

538. La Fontaine. Fables. Avec les dessins de Gustave Doré. *Paris, Hachette,* 1867, 2 vol. in-fol., cart. non rognés.

81 fr.
Rouquette

Exemplaire avec les planches sur papier de Chine, provenant de la bibliothèque de Paul de Saint-Victor.

539. La Fontaine. Contes, vingt estampes dessinées par Fragonard et Touzé pour l'édition de P. Didot l'aîné, publiée en 1795 réduites et gravées à l'eau-forte, par T. de Mare. *Paris, L. Conquet,* 1881, 4 livraisons in-4, broché.

200 fr.
morgand

Exemplaire contenant les épreuves en triple état. Eaux-fortes pures. Épreuves non terminées. Épreuves avant la lettre tirées sur papier du Japon.

540. Laluyé (Léopold). Poésies. *Paris, Lemerre*, 1872, in-12, broché.

Exemplaire tiré sur papier de Chine.

541. Lamartine (Alphonse de). Méditations poétiques. *Paris, au dépôt de la librairie grecque, latine, allemande*, 1820, in-8, mar. bleu, dos orné, 9 filets sur les plats, dent. int., tr. dor. (*Cuzin.*)

Superbe exemplaire de l'édition originale, relié sur brochure.

542. Lamartine (Alphonse de). Nouvelles Méditations poétiques. *Paris, U. Canel*, 1823, in-8, cart., non rogné.

Édition originale. — On a ajouté à l'exemplaire une lettre autographe signée de Lamartine à Aimé Martin.

543. Lamartine (Alphonse de). La Mort de Socrate, poème. *Paris, Ladvocat*, 1823, in-8, demi-rel. mar. rouge, dos et coins, tête dor., non rogné. (*Lemardeley.*)

Édition originale.

544. Lamartine (Alphonse de). Chant du Sacre, ou la Veille des armes. *Paris, Urbain Canel et Baudoin frères*, 1825, gr. in-8, broché.

Édition originale, avec la couverture.

545. Lamartine (Alphonse de). Épîtres. *Paris, U. Canel et Dupont*, 1825, in-8, cart., non rogné.

Édition originale.

546. Lamartine (Alphonse de). Le dernier Chant du pèlerinage d'Harold. *Paris, Dondey-Dupré et Ponthieu*, 1825, in-8, demi-rel. mar. rouge, dos et coins, tête dor., non rogné. (*Lemardeley.*)

Édition originale.

547. Lamartine (Alphonse de). Harmonies poétiques et religieuses. *Paris, Ch. Gosselin*, 1830, 2 vol. in-8, vignettes dessinées par Alfred et Tony Johannot sur les titres, demi-rel. veau vert, tr. marb.

Édition originale.

548. Lamartine (Alphonse de). Jocelyn, épisode. Journal

trouvé chez un curé de village. *Paris, Ch. Gosselin et Furne,* 1836, 2 vol. in-8, demi-rel. v. brun, non rognés.

38 fr.

Édition originale.

549. LAMARTINE (Alphonse de). Recueillements poétiques. *Paris, Gosselin,* 1839, in-12, demi-rel. mar. bleu jans., tête dorée, non rogné. (*Petit.*)

12 fr.
Conquet

Édition originale.

550. LAMARTINE (Alphonse de). Geneviève. Histoire d'une servante. *Paris, Michel Lévy,* 1851, gr. in-8, demi-rel. mar. bleu, dos et coins, tête dor., non rogné. (*Lemardeley.*)

20 fr.
morgand

Édition originale. Exemplaire tiré sur papier de Hollande, avec la couverture. Provenant de la bibliothèque de Paul de Saint-Victor.

551. LAMBERT THIBOUST. Les Oiseaux de la rue. Scènes populaires en quatre actes. *Paris, Michel Lévy,* 1853, in-12, cart., non rogné. — Avait pris femme, le sire de Francboisy. Revue de 1855, en trois actes. *Paris, Michel Lévy,* 1855, in-12, cart., non rogné. — Les Chevaliers du pince-nez. Vaudeville en deux actes. *Paris, Michel Lévy,* 1859, in-12, broché. — La Mariée du mardi-gras. Folie-vaudeville en trois actes. *Paris, Michel Lévy,* 1861, in-12, broché.

4 fr.

Éditions originales, avec les couvertures.

552. LAMBERT-THIBOUST. Les Enfers de Paris. Comédie en cinq actes. *Paris, Michel Lévy frères,* 1853, in-12, cart., non rogné. — Je dîne chez ma mère. Comédie en un acte en prose. *Paris, Michel Lévy frères,* 1858, in-12, cart., non rogné. — Le Passé de Nichette. Comédie-vaudeville en un acte. *Paris, Michel Lévy frères,* 1861, in-12, broché. — L'Homme n'est pas parfait. Tableau populaire en un acte. *Paris, Michel Lévy frères,* 1864, in-12, cart., non rogné.

9 fr.

Éditions originales, avec les couvertures.

553. LAMENNAIS. Paroles d'un Croyant, 1833. *Paris, E. Renduel,* 1834, in-8, demi-rel. mar. vert, dos et coins, tête dor., non rogné. (*Lemardeley.*)

58 fr.

Édition originale, avec la couverture.

8 fr. 554. LAMENNAIS. Paroles d'un Croyant, 1833. *Paris, Eugène Renduel,* 1834, in-8, demi-rel. v. fau. tr. marb.
Édition originale.

3 fr. 555. LAPRADE (Victor de). Psyché, poème. *Paris, J. Labitte,* 1841, in-12, broché.

8.fo 556. LAPRADE (Victor de). Odes et Poèmes. *Paris, J. Labitte,* 1843, in-12, broché.
Édition originale, avec la couverture.

16 fr. 557. LA ROCHEFOUCAULD. Réflexions ou Sentences et Maximes morales, texte de 1665 et de 1678. *Paris, Lemerre,* 1870, in-12, broché.
L'un des 50 exemplaires tirés sur papier de Chine. Portrait en double état.

40 fr.
Complet 558. LAS CASES (comte de). Mémorial de Sainte-Hélène, suivi de Napoléon dans l'exil, illustré de 500 dessins par Charlet. *Paris, Bourdin,* 1842, 2 vol. gr. in-8, demi-rel. mar. brun, dos et coins, tête dor., non rognés. (*Reymann.*)
Avec les couvertures.

6 fr. 559. LATOUCHE (H. de). Fragoletta. Naples et Paris en 1799. *Paris, Le Vavasseur,* 1829, 2 vol. in-8, cart., non rognés.
Édition originale.

61 fr.
Conquet 560. LAVALETTE. Fables illustrées par Grandville, suivies de Poésies diverses illustrées par Gérard Séguin. *Paris, J. Hetzel et Paulin,* 1841, gr. in-8, broché.
Avec la couverture.

8 fr.
Porquet 561. LAYA (Léon). Les Jeunes Gens. Comédie en trois actes, en prose. *Paris, Michel Lévy,* 1855, in-12, cart., non rogné.
— Le duc Job. Comédie en quatre actes, en prose. *Paris, Michel Lévy,* 1860, in-12, cart., non rogné.
Éditions originales, avec les couvertures.

23 fr. 562. LECONTE DE LISLE. Poèmes antiques. *Paris, Marc Ducloux,* 1852, in-12, cart., non rogné.
Édition originale. Envoi autographe de l'auteur à M. Villemain.

13 fr.
Rouquette 563. LEGOUVÉ. Par droit de conquête. Comédie en trois actes, en prose. *Paris, Michel Lévy,* 1855, in-12, cart., non rogné.
— FOUCHER (Paul) et RÉGNIER. La Joconde. Comédie en cinq

actes en prose. *Paris, Michel Lévy*, 1856, in-12, cart., non
rogné. — Uchard (Mario). La Fiammina. Comédie en quatre
actes, en prose. *Paris, Michel Lévy*, 1857, in-12, cart., non
rogné. — Doucet (Camille). Le Fruit défendu. Comédie en
trois actes, en vers. *Paris, Michel Lévy*, 1858, in-12, cart.,
non rogné.

Éditions originales, avec les couvertures.

564. Lemercier de Neuville. Théâtre des Pupazzi. *Lyon,
N. Scheuring*, 1876, in-8, broché.

13 fr.

565. Lépine (Ernest). La Légende de Croquemitaine, illustrée
de 177 vignettes sur bois par Gustave Doré. *Paris, Hachette*,
1863, in-4, demi-rel. mar. bleu, dos et coins, tête dor., non
rogné.

Avec la couverture.

*47 fr.
Rouquette.*

566. Le Sage. Le Diable boiteux, Illustré par Tony Johannot, précédé d'une notice sur Le Sage, par Jules Janin.
Paris, E. Bourdin, 1840, gr. in-8, broché.

Exemplaire de premier tirage, avec la couverture.

*57 fr.
Porquet*

567. Le Sage. Le Diable boiteux, avec une préface par
H. Reynald. Gravures à l'eau-forte par Ad. Lalauze. *Paris,
Librairie des bibliophiles*, 1880, 2 vol. in-8, demi-rel. mar.
rouge, dos et coins, tête dor., non rognés. (*Cuzin.*)

L'un des 20 exemplaires tirés sur papier de Chine, avec les figures
en double état et les couvertures.

59 fr.

568. Le Sage. Histoire de Gil Blas de Santillane. *Paris, imprimerie de P. Didot*, 1819, 3 vol. in-8, brochés.

En tête du premier volume se trouve l'*Examen de la question de
savoir si Le Sage est l'auteur de Gil Blas ou s'il l'a pris de l'espagnol.*
Cette notice, qui forme 68 pages, est de Victor Hugo.

*10 fr.
Conquet*

569. Le Sage. Histoire de Gil Blas de Santillane. Vignettes
par Jean Gigoux. *Paris, Paulin*, 1835, gr. in-8, demi-rel.
veau vert, non rogné.

Première édition.

48 fr.

570. Le Sage. Histoire de Gil Blas de Santillane. Vignettes
par Jean Gigoux. *Paris, Paulin*, 1835, gr. in-8, demi-rel.
mar. rouge, dos et coins, tête dor., non rogné.

Première édition.

16 fr.

571. LE SAGE. Histoire de Gil Blas de Santillane, illustrée par Jean Gigoux. — Lazarille de Tormes, traduit par L. Viardot, illustré par Meissonier. *Paris, J.-J. Dubochet et Le Chevalier*, 1846, gr. in-8, demi-rel. mar. bleu, dos et coins, tête dor., non rogné. (*Reymann.*)

46 fr.
Conquet

Exemplaire avec la couverture.

572. LE SAGE. Histoire de Gil Blas de Santillane, précédée d'une préface par H. Reynald, 13 eaux-fortes par R. de Los Rios. *Paris, Librairie des bibliophiles*, 1879, 4 vol. in-8, demi-rel. mar. rouge, dos et coins, tête dor., non rognés. (*Cuzin.*)

141 fr.
Progé

L'un des 20 exemplaires tirés sur papier de Chine, avec les figures en double état et les couvertures.

573. LEUVEN (de) et BRUNSWICK. La Foire aux idées, journal-vaudeville en plusieurs numéros. Numéros I, II, III et IV. *Paris, Michel Lévy*, 1849, 4 parties en un vol. in-12, cart. non rogné.

18 fr.

Édition originale d'une pièce curieuse par sa critique mordante contre certains personnages politiques de l'époque. Avec les couvertures.

574. LIREUX (Auguste). Assemblée nationale comique. Illustrations par Cham. *Paris, Michel Lévy*, 1850, gr. in-8, demi-rel. mar. bleu, dos et coins, tête dor., non rogné. (*Reymann.*)

46 fr.
Conquet

575. LIVRE (le) de Beauté, souvenirs historiques, par Bouilly, Drouineau, H. Martin, Cordellier Delanoue, Petrus Borel, Lassailly, etc., avec une préface par Ch. Nodier. *Paris, Louis Janet*, 1834, in-8, 13 portraits, cart., non rogné.

21 fr.
Progé

576. LIVRE (le) des Ballades, soixante ballades choisies. *Paris, Alph. Lemerre*, 1876, in-8, mar. bleu, dos orné, fil., tr. dorée. (*Cuzin.*)

75 fr.
Conquet

Exemplaire tiré sur papier de Chine. Texte encadré.

577. LIVRE (le) des Sonnets, dix dizains de sonnets choisis. *Paris, Alph. Lemerre*, 1874, in-8, mar. bleu, dos orné, fil., tr. dor. (*Cuzin.*)

129 fr.
Conquet

Exemplaire tiré sur papier de Chine. Texte encadré.

578. LORENTZ. Polichinel, ex-roi des marionnettes, devenu philosophe. *Paris, Willermy*, 1848, gr. in-8, nombreuses figures, demi-rel. mar. bleu, dos orné et coins, tête dor., non rogné. (*Reymann.*)

3/8 fr.

579. LUCIEN. Dialogues des courtisanes, traduction et notices par A. J. Pons, illustrations par H. Scott et F. Meaulle. *Paris, A. Quantin*, 1881, in-18, texte encadré, vignettes coloriées, broché.

L'un des 50 exemplaires tirés sur papier du Japon.

10 fr.
Porquet

580. MAISTRE (Xavier de). Œuvres avec une notice et des notes par Eug. Reaume. *Paris, Alph. Lemerre*, 1876, in-18, portr., broché.

L'un des 20 exemplaires tirés sur papier de Chine avec le portrait en double état.

14 fr.
Drogé

581. MAISTRE (Xavier de). Voyage autour de ma chambre, suivi de l'Expédition nocturne. Préface par J. Claretie, six eaux-fortes par Hédouin, *Paris, Librairie des bibliophiles*, 1877, in-8, demi-rel. mar. La Vallière, dos et coins, tête dor., non rogné. (*Cuzin.*)

L'un des 20 exemplaires tirés sur papier de Chine avec les figures en double état et la couverture.

81 fr.
Rouquette

582. MANTZ (Paul). Hans Holbein. Dessins et gravures sous la direction de Ed. Lièvre. *Paris, Quantin*, 1879, in-fol., avec 27 pl., cart., non rogné.

Exemplaire tiré sur papier de Hollande, avec les eaux-fortes épreuves en double état, sur papier de Hollande et sur papier du Japon.
Provenant de la bibliothèque de Paul de Saint-Victor.

66 fr.
Conquet

583. MANTZ (Paul). François Boucher, Lemoine et Natoire. *Paris, Quantin*, 1880, in-fol. avec 32 pl., cart., non rogné.

Exemplaire tiré sur papier de Hollande, avec les planches en double état, sur papier de Hollande et sur papier du Japon.
Provenant de la bibliothèque de Paul de Saint-Victor.

6f fr.
Conquet

584. MANUEL. Histoire aussi intéressante qu'invraisemblable de l'intrépide capitaine Castagnette, neveu de l'homme à la tête de bois. Illustrée de 43 vignettes sur bois, par Gustave Doré. *Paris, Hachette*, 1862, in-4, demi-rel. mar. orange, dos orné et coins, tête dor., non rogné. (*Reymann.*)

24 fr.
Conquet

585. MARCO DE SAINT-HILAIRE (Émile). Histoire populaire anec-

dotique et pittoresque de Napoléon et de la Grande Armée. *Paris, Kugelmann,* 1843, gr. in-8, fig. de J. David, demi-rel. mar. La Vallière, dos et coins, tête dor., non rogné. (*Reymann.*)

33 fr.
Porquet

Avec la couverture.

586. MARGUERITES (les) de la Marguerite des princesses, texte de l'édition de 1547 publié avec introduction, notes et glossaire par Félix Frank. *Paris, Librairie des bibliophiles,* 1873, 4 vol. in-8, demi-rel. mar. bleu, dos et coins, tête dor., non rognés. (*Cuzin.*)

16 fr.
Porquet

L'un des 15 exemplaires tirés sur papier de Chine avec les couvertures.

587. MARGUERITE DE VALOIS. Les Sept Journées de la reine de Navarre, suivies de la huitième, notices et notes par Paul Lacroix, index et glossaire, planches à l'eau-forte par Flameng. *Paris, Librairie des bibliophiles,* 1872, 4 vol. in-8, demi-rel. mar. bleu, dos et coins, tête dor., non rognés. (*Cuzin.*)

152 fr.
Rouquette

L'un des 10 exemplaires tirés sur papier de Chine, figures avant la lettre, avec les couvertures.

588. MARIE (Adrien). Une journée d'enfant. Compositions inédites. Vingt planches en héliogravure par Dujardin. *Paris, Launette,* 1883, in-fol., cart., non rogné.

36 fr.
Piat

Exemplaire tiré sur papier du Japon. Cartonnage de l'éditeur.

589. MARTIAL (A.-P.). Paris intime. Notes et eaux-fortes. *Paris, imp. Beillet,* 1874, in-fol. demi-rel. mar. rouge, dos et coins, tête dor., non rogné.

48 fr.

Exemplaire tiré sur papier de Chine, monté sur papier de Hollande.

590. MEILHAC (Henri). La Sarabande du cardinal. Comédie en un acte. *Paris, Beck,* 1856, in-12, demi-rel. mar. brun, non rogné. — Un petit-fils de Mascarille. Comédie en cinq actes et en prose. *Paris, Librairie nouvelle,* 1859, in-12, demi-rel. mar. brun, non rogné. — Meilhac (Henri) et Halévy (Ludovic). Le Photographe. Comédie en un acte. *Paris, Michel Lévy,* 1865, in-12, cart., non rogné. — Barbe-Bleue, opéra-bouffe en trois actes. *Paris, Michel Levy,* 1866, in-12, broché. —

17 fr.
Conquet

La Vie Parisienne. Pièce en cinq actes. *Paris, Michel Lévy,* 1867, in-12, cart., non rogné.

Éditions originales. Les trois dernières pièces avec les couvertures.

591. MEILHAC (Henri) ET HALÉVY (Ludovic). La Périchole. Opéra-bouffe en deux actes. *Paris, Michel Lévy,* 1868, in-12, demi-rel. mar. br., non rogné. — La Diva. Opéra-bouffe en trois actes. *Paris, Michel Lévy,* 1869, in-12, cart., non rogné. — Le Réveillon. *Paris, Michel Lévy,* 1872, in-12, demi-rel. mar. brun, non rogné. — La Cigale. Comédie en trois actes. *Paris, C. Lévy,* 1877, in-12, cart., non rogné.

13 fr. conquet

. Éditions originales.

592. MEILHAC (Henri) ET HALÉVY (Ludovic). Fanny Lear. Comédie en cinq actes. *Paris, Michel Lévy,* 1868, in-12, cart., non rogné. — Toto chez Tata. Comédie en un acte. *Paris, Michel Lévy,* 1873, in-12, cart., non rogné. — Lolotte. Comédie en un acte. *Paris, C. Lévy,* 1879, in-12, demi-rel. mar. brun, non rogné. — Le Mari de la débutante. Comédie en quatre actes. *Paris, C. Lévy,* 1879, in-12, demi-rel. mar. brun, non rogné. — La petite Mère. Comédie en trois actes. *Paris, C. Lévy,* 1880, in-12, cart., non rogné.

20 fr. conquet

Éditions originales. — La première de ces pièces a un envoi autographe de Lud. Halévy à Mme Desgranges.

593. MEILHAC (Henri) ET HALÉVY (Ludovic). Froufrou, comédie en cinq actes. *Paris, Michel Lévy,* 1870, in-8, demi-rel. mar. bleu jans., dos et coins, tête dor., non rogné.

12 fr.

Édition originale avec la couverture.

594. MEILHAC (Henri) ET HALÉVY (Ludovic). Madame attend Monsieur. Comédie en un acte. *Paris, Michel Lévy,* 1872, in-12, demi-rel. mar. brun, non rogné. — Le Réveillon. Comédie en trois actes. *Paris, Michel Lévy,* 1872, in-12, cart., non rogné. — La Petite Marquise. Comédie en trois actes. *Paris, Michel Lévy,* 1874, in-12, demi-rel. mar. brun, non rogné. — La Cigale. Comédie en trois actes. *Paris, C. Lévy,* 1877, in-12, cart., non rogné. — Janot. Opéra-co-

20 fr.

mique en trois actes. *Paris, C. Lévy,* 1881, in-12, demi-rel.
mar. rouge, non rogné.

Éditions originales avec les couvertures.

60 fr.
Conquest

595. Mérimée (Prosper). Théâtre de Clara Gazul, comédienne
espagnole. *Paris, A. Sautelet,* 1825, in-8, demi-rel. mar.
rouge, dos et coins, tête dor., non rogné. (*Lemardeley.*)
Édition originale.

9.50

596. Mérimée (Prosper). La Guzla, ou Choix de poésies illyriques
recueillies dans la Dalmatie, la Bosnie, la Croatie et l'Herzé-
govine. *Paris, Levrault,* 1827, in-12, cart., non rogné.
Édition originale.

29 fr.

597. Mérimée (Prosper). La Jacquerie, scènes féodales, suivies de la Famille de Carvajal. Drame. *Paris, Brissot-
Thivard, imprimerie de H. de Balzac,* 1828, in-8, demi-rel.
mar. rouge, dos et coins, tête dor., non rogné. (*Allô.*)
Édition originale.

18 fr.
Renard

598. Mérimée (Prosper). 1572. Chronique du temps de Charles IX. *Paris, A. Mesnier,* 1829, in-8, demi-rel. mar. rouge,
dos et coins, tête dor. (*Lemardeley.*)
Édition originale.

68 5 fr.
Greffé

599. Mérimée (Prosper). Chronique du règne de Charles IX,
illustrée de 31 compositions dessinées et gravées à l'eau-
forte par Edmond Morin. *Paris, imprimé pour les amis des
livres, par Georges Chamerot,* 1876, 2 vol. gr. in-8, mar.
La Vallière jans., dent. intér., tr. dor. (*Cuzin.*)

L'un des 115 exemplaires imprimés pour les membres de la Société.

31 fr.

600. Mérimée (Prosper). La Double méprise. *Paris, Fournier,* 1833, in-8, demi-rel. mar. rouge, dos et coins, tête
dor., non rogné. (*Lemardeley.*)
Édition originale.

25 fr.

601. Mérimée (Prosper). Mosaïque. *Paris, H. Fournier,* 1833,
in-8, cart., non rogné.
Édition originale.

602. Mérimée (Prosper). Essai sur la guerre sociale. *Paris,*

Didot frères, 1841, gr. in-8, pl. gravées, demi-rel. mar. rouge jans., tête dor., non rogné.

Édition originale, avec la couverture.

60 fr. Congdet

603. Mérimée (Prosper). Colomba. *Paris, Magen et Comon,* 1841, in-8, mar. vert, dent. int., tr. dor. (*Cuzin.*)

Édition originale. Très bel exemplaire relié sur brochure.

185 fr.

604. Mérimée (Prosper). Les Deux Héritages. Suivis de l'Inspecteur général et des Débuts d'un aventurier. *Paris, Mich Lévy,* 1853, in-12, mar. La Vallière, dent. int., tr. dor. (*Marius-Michel.*)

Bel exemplaire de l'édition originale, tiré sur papier vélin fort.

60 fr.

605. Mérimée. H.-B. (Henri Beyle). In-16, demi-rel. mar. rouge, tête dor., non rogné.

Seconde édition imprimée à 36 exemplaires, par Poulet-Malassis à Alençon en 1857, d'après une copie de l'exemplaire offert par Prosper Mérimée à Mme Gabriel Delessert, sur lequel il avait rempli de sa main les noms propres laissés en blanc dans la première édition.

120 fr.

606. Mérimée (Prosper). La Chambre bleue. Nouvelle dédiée à Mme de la Rhune, par P. Mérimée, fou de S. M. l'Impératrice. *Bruxelles, Librairie de la place de la Monnaie,* 1872, in-8, front. de Bracquemond, demi-rel. mar. bleu, tête dor., non rogné. (*Amand.*)

Édition originale. L'un des 20 exemplaires tirés sur papier de Hollande, avec la couverture.

43 fr.

607. Mérimée (Prosper). Dernières Nouvelles. *Paris, Mich. Lévy,* 1873, in-12, demi-rel. mar. bleu, tête dor., non rogné.

Édition originale. — On a ajouté à l'exemplaire le portrait de Mérimée en double épreuve.

27 fr.

608. Mérimée (Prosper). Carmen. *Paris, C. Lévy,* 1884, in-12, frontispice, vignettes et culs-de-lampe par Arcos, mar. orange, dos orné, fil., tr. dor. (*Cuzin.*)

Exemplaire papier vélin contenant le tirage à part du frontispice des vignettes et des culs-de-lampe en double état, eau-forte et avant la lettre.

165 fr.

609. Méry. L'Assassinat. Scènes méridionales de 1815. *Paris,*

1 5 fr.
Rouquette

Urbain Canel, 1832, in-8, front. de Tony Johannot, cart., non rogné.

Édition originale.

8 fr.

610. Méry. Héva. *Paris, Dumont,* 1843, in-8, cart.

Édition originale.

21 fr.

611. Méry. La Floride. *Paris, V. Magen,* 1846, 2 vol. in-8, demi-rel. mar. La Vallière, dos et coins, tête dor., non rognés. (*Lemardeley.*)

Édition originale.

23 fr.
Conquet

612. Messieurs les Cosaques, relation charivarique et comique et surtout véridique, des hauts faits des Russes en Orient, par Taxile Delord, Clément Caraguel et Louis Huart. 100 vignettes par Cham. *Paris, V. Lecou,* 1855, 2 vol. in-12, brochés.

13 fr.

613. Michel (Marc) et Labiche. Le Chapeau de paille d'Italie. *Paris, Michel Lévy,* 1851, in-12, broché.

Édition originale, avec la couverture.

87 fr.
Conquet

614. Michelet. L'Oiseau, huitième édition illustrée de 210 vignettes sur bois dessinées par H. Giacomelli. *Paris, Hachette,* 1867, gr. in-8, demi-rel. mar. bleu, dos et coins, tête dor., non rogné.

Premier tirage avec la couverture.

66 fr.
Conquet

615. Michelet. L'Insecte. Nouvelle édition illustrée de 140 vignettes sur bois dessinées par H. Giacomelli. *Paris, Hachette,* 1876, gr. in-8, demi-rel. mar. rouge, dos et coins, tête dor., non rogné.

Très bel exemplaire tiré sur grand papier vélin.

12 fr.

616. Mistral (Frederi). Mirèio. Pouèmo prouvençau. (Avec la traduction littérale en regard.) *Avignon, Roumanille,* 1859, in-8, demi-rel. mar. bleu, dos et coins, tête dor., non rogné.

Édition originale.

34 fr.

617. Mistral (Frédéric). Mireille, poème provençal. Traduction française de l'auteur accompagnée du texte original,

avec 25 eaux-fortes dess. et gravées par E. Burnand et 53
dessins du même artiste. *Paris, Hachette,* 1884, gr. in-4,
broché.

Avec la couverture.

618. MISTRAL (Frederi). Calendau, pouèmo nouvèu. Traduction
française en regard. *Avignon, J. Roumanille,* 1867, in-8, portrait, demi-rel. mar. bleu, dos et coins, tête dor., non
rogné.

12 fr.

Édition originale.

619. MISTRAL (Frederi). Lis isclo dor. Recuei de pouesio
diverso em'uno prefaci biougrafico de l'autour escricho pèr
éu-meme. Traduction française en regard. *Avignon, Roumanille,* 1876, gr. in-8, demi-rel. mar. bleu, dos et coins,
tête dor., non rogné.

12 fr.

620. MOLIÈRE. Œuvres, précédées d'une Notice sur sa vie et
ses ouvrages par Sainte-Beuve. Vignettes par Tony Johannot. *Paris, Paulin,* 1835-1836, 2 vol. gr. in-8, mar. bleu,
fil., tr. dor. (*Bauzonnet.*)

30 fr. Conquet

Exemplaire tiré sur papier vélin fort.

621. MOLIÈRE. Le Théâtre de J.-B. P. de Molière. Collationné
sur les premières éditions et sur celles des années 1666,
1674 et 1682. Orné de vignettes gravées à l'eau-forte, d'après
les compositions de différents artistes, par Frédéric Hillemacher. *Lyon, N. Scheuring,* 1864-1870, 8 vol. gr., in-8, demi-
rel. mar. La Vallière, dos et coins, tête dor., non rognés.
(*Raparlier.*)

500 fr. Claudin y compris le n° 341

Exemplaire tiré sur grand papier vergé teinté.

622. MOLIÈRE. Œuvres avec notes et variantes par Alphonse
Pauly, 8 vol. in-12 portr. — J. Claretie. Molière, sa vie et
ses œuvres, in-12. — Lavoix (Henri). La première repré-
sentation du Misanthrope, 4 juin 1666, in-12. *Paris, Lemerre,*
s. d. — Ensemble 10 vol. in-12, brochés.

12 fr. Rouquette

Exemplaires tirés sur papier de Chine.

623. Molière. Théâtre complet. Préface par D. Nisard. Dessins de Louis Leloir, gravés par L. Flameng. *Paris, Jouaust*, 1876-1883, 8 vol. gr. in-8, mar. rouge, fil., dos ornés, dent. int., tr. dor. (*Cuzin.*)

830 fr.
Porquet

Très bel exemplaire, l'un des 25 tirés sur papier Whatman, avec les eaux-fortes, épreuves en double état, sur papier du Japon et sur papier de Chine, avant la lettre.

624. Monnier (Henry). Scènes populaires dessinées à la plume, ornées d'un portrait de M. Prudhomme et d'un fac-similé de sa signature. *Paris, Levavasseur*, 1830, in-8, broché.

59 fr.
Rouquette

Édition originale avec la couverture. Un cachet sur le faux-titre.

625. Monnier (Henry). Nouvelles Scènes populaires dessinées à la plume, ornées du portrait de M. Prudhomme. *Paris, Dumont*, 1839, 2 vol. in-8, demi-rel. v. fau., non rognés.

32 fr.
Conquet

626. Monnier (Henry). Croquis à la plume. Comédies bourgeoises. Les Bourgeois aux champs. *Paris, Michel Lévy*, 1858, 3 vol. in-32, brochés.

7.50

627. Monselet (Charles). Figurines parisiennes. *Paris, Dagneau*, 1854, in-16, demi-rel. mar. vert, dos et coins, tête dor., non rogné. (*Reymann.*)

13 fr.

Édition originale.

628. Monselet (Charles). Les Tréteaux, avec un frontispice dessiné et gravé par Bracquemond. *Paris, Poulet-Malassis*, 1859, in-12, demi-rel. mar. bleu jans., tête dor., non rogné.

65 fr.

Exemplaire tiré sur papier de Hollande, provenant de la bibliothèque de M. Asselineau.

629. Monument du Costume. Estampes de Freudeberg pour le Monument du Costume, gravées par Dubouchet. *Paris, L. Conquet*, 1883, in-4, mar. bleu, dos orné, fil., dent. int., tr. dor. (*Cuzin.*)

665 fr.
Conquet

Exemplaire tiré sur papier du Japon, avec les eaux-fortes épreuves en triple état, eaux-fortes pures, épreuves avancées et épreuves terminées avant toute lettre.

630. MOREAU (Hégésippe). LE MYOSOTIS. Petits Contes et petits vers. *Paris, Desessart*, 1838, gr. in-8, mar. bleu, fil., dos orné, doublé de mar. bleu, branches de feuillages, riche dorure à petits fers, tr. dor. (*Cuzin.*)

3,900 fr.
Greppe

> Superbe et ravissant exemplaire de la première édition du livre orné de 110 dessins originaux exécutés à l'aquarelle avec un charme infini et une rare perfection, par Giacomelli, en 1884.
> Ce précieux volume est orné d'une très jolie reliure renfermée dans un étui de maroquin brun.

631. MOREAU (Adolphe). Decamps et son œuvre, avec des gravures en fac-similé des planches originales les plus rares. *Paris, Jouaust*, 1869, in-8, portr. et fig., broché.

16 fr.
Conquet

> De la bibliothèque de Paul de Saint-Victor.

632. MOREAU (Adolphe). E. Delacroix et son œuvre, avec des gravures en fac-similé des planches originales les plus rares. *Paris, Jouaust*, 1873, in-8, portr. et fig., broché.

16 fr.
conquet

> De la bibliothèque de Paul de Saint-Victor.

633. MUNTZ (Eugène). Raphaël, sa vie, son œuvre et son temps. *Paris, Hachette*, 1881, gr. in-8, broché.

15 fr.

634. MUSAEUS. Contes populaires de l'Allemagne, trad. par A. Cerfbeer de Medelsheim. Édition illustrée de 300 vignettes. *Paris, G. Havard*, 1846, 2 vol. in-8, demi-rel. mar. rouge, tête dor., non rognés. (*Lemardeley.*)

42 fr.
Bard

> Bel exemplaire, avec les couvertures.

635. MUSÉE COMIQUE. Toutes sortes de chose en images. *Paris, Aubert, s. d.* (1840), in-4, broché.

21 fr.

636. MUSÉE DANTAN. Galerie des charges et croquis des célébrités de l'époque avec texte explicatif et biographique. *Paris, Delloye*, 1839, gr. in-8, cart., non rogné.

45 fr.
Conquet

637. MUSÉE OU MAGASIN COMIQUE de Philipon, contenant 800 dessins par MM. Cham de N. (oé), Gavarni, Grandville, Ch. Vernier, etc. Texte par MM. Cham de N. (oé), L. Huart, Ch. Philipon, etc. *Paris, Aubert, s. d.* (1842), 2 vol. in-4, cart., non rognés.

120 fr.
conquet

638. MUSEUM PARISIEN. Histoire physiologique, pittoresque, philosophique et grotesque de toutes les bêtes curieuses de Paris et de la banlieue, pour faire suite à toutes les éditions

82 fr.
Claudin

des œuvres de M. de Buffon. Texte par Louis Huart. 350 vignettes par Grandville, Gavarni, Daumier, Traviès, Lécurieu et H. Monnier. *Paris, Beauger,* 1841, gr. in-8, demi-rel. mar. La Vallière, dos et coins, tête dor., non rogné. (*Reymann.*)

Bel exemplaire, avec la couverture illustrée.

59 fr.
Rouquette

639. Murger (Henry). Scènes de la Bohème. *Paris, Michel Lévy,* 1851, in-12, demi-rel. mar. brun, tête dor., non rogné.

Édition originale avec la couverture.

360 fr.
Conquet

640. Murger (Henry). Scènes de la Bohème, avec un frontispice et douze gravures à l'eau-forte par Adolphe Bichard, publié sur l'édition originale (Paris, 1851). *A Paris, imprimé pour les amis des livres, par D. Jouaust,* 1879, in-8, mar. rouge jans., dent. intér., tr. dor. (*Cuzin.*)

Très bel exemplaire relié sur brochure avec les figures, épreuves en double état, avant et avec la lettre.

325 fr.
Porquet

641. Musset (Alfred de). Œuvres complètes avec lettres inédites, variantes, notes, index, fac-similé, édition dédiée aux amis du poète. *Paris, Charpentier,* 1865-66, 10 vol. grand in-8, brochés.

Exemplaire de M. J. Claye, tiré sur grand papier vélin fin et orné d'un frontispice gravé par M. Rossigneux.

165 fr.
Porquet

642. Musset (Alfred de). Illustrations pour les œuvres complètes, édition publiée par Charpentier en 1866. Suite du portrait et 28 pièces dess. par Bida, épreuves tirées sur papier de Chine de format in-folio.

11 pièces sont avant la lettre, épreuves d'artiste.

1,010 fr.
Porquet

643. Musset (Alfred de). Œuvres complètes, 10 vol. — Biographie d'Alfred de Musset par Paul de Musset, 1 vol. *Paris, Lemerre,* 1876-77, 11 vol. in-12, mar. rouge, fil., dos ornés doublés de mar. bleu, dent. int., tr. dor. (*Cuzin.*)

Très bel exemplaire tiré sur papier de Chine contenant : Frontispice dess. par Rops, la suite des figures dess. par Louis Monziès, d'après Henri Pille, épreuves en double état et la suite des figures dess. par Lalauze, d'après Bida, épreuves tirées sur papier du Japon.

644. Musset (Alfred de). Contes d'Espagne et d'Italie. *Paris,*

Levavasseur et U. Canel, 1830, in-8, mar. rouge, fil., dent. int., tr. dor. (*Cuzin.*)

Édition originale.

70 fr,
Porquet

645. MUSSET(Alfred de). Un spectacle dans un fauteuil. — Poésie. *Paris, Eug. Renduel,* 1833, in-8. — Prose. *Paris, librairie de la Revue des Deux Mondes,* 1834, 2 vol. in-8. — Ensemble, 3 vol. in-8, mar. rouge, dos ornés, dent. int., tr. dor. (*Cuzin.*)

Édition originale.

150 fr,
conquet

646. MUSSET (Alfred de). Poésies complètes. *Paris, Charpentier,* 1840, in-12, demi-rel. mar. rouge, dos et coins, tête dor., non rogné. (*Lemardeley.*)

Première édition collective et édition originale des Poésies nouvelles (1835-1840) contenant : Rolla, les Nuits, Stances à la Malibran, etc.

27 fr,
Porquet

647. MUSSET (Alfred de). Poésies nouvelles, 1840-49. *Paris, Charpentier,* 1850, in-12, demi-rel. mar. rouge jans., dos et coins, tête dor., non rogné.

Édition originale.

27 fr.
conquet

648. MUSSET (Alfred de). Un Rêve. — Ballade. Cent cinquante vers inconnus, avec notice bibliographique. *Paris, Rouquette,* 1875, in-8, broché.

Édition originale, tirée à 120 exemplaires. Avec la couverture.

14 fr,
conquet

649. MUSSET (Alfred de). La Confession d'un enfant du siècle. *Paris, F. Bonnaire,* 1836, 2 vol. in-8, mar. rouge, fil., dent. int., tr. dor. (*Cuzin.*)

Édition originale. Cachet enlevé sur les titres.

99 fr.
conquet

650. MUSSET (Alfred de). Les Deux maîtresses. — Frédéric et Bernerette. *Paris, Dumont,* 1840, 2 vol. in-8, mar. rouge, fil., dent. int., tr. dor. (*Cuzin.*)

Édition originale. Bel exemplaire.

176 fr,
Porquet

651. MUSSET (Alfred de). Nouvelles. *Paris, Charpentier,* 1841, in-12, demi-rel. mar. bleu, tête dor., non rogné. (*Lemardeley.*)

15 fr,
Rouquette

652. MUSSET (Alfred de). Histoire d'un merle blanc. *Paris, Hetzel,* 1853, in-16, demi-rel. mar. bleu, dos et coins, tête dor., non rogné. (*Reymann.*)

Édition originale.

13 fr.
maillet

653. Musset (Alfred de). Comédies et proverbes. *Paris, Charpentier*, 1840, in-12, demi-rel. mar. rouge jans., dos et coins, tête dor., non rogné.

Édition originale.

654. Musset (Alfred de). Un caprice. Comédie en un acte. *Paris, Charpentier*, 1847, in-12, demi-rel. mar. bleu, tête dor., non rogné.

Édition originale, avec la couverture.

655. Musset (Alfred de). Un caprice. Comédie en un acte. *Paris, Charpentier*, 1847, in-12, cart., non rogné.

Édition originale, avec la couverture.

656. Musset (Alfred de). Il faut qu'une porte soit ouverte ou fermée. Proverbe. *Paris, Charpentier*, 1848, in-12, demi-rel. mar. bleu, tête dor., non rogné. (*Lemardeley*.)

Édition originale, avec la couverture.

657. Musset (Alfred de). Il ne faut jurer de rien. Comédie en trois actes et en prose. *Paris, Charpentier*, 1848, in-12, demi-rel. mar. bleu, tête dor., non rogné. (*Lemardeley*.)

Édition originale, avec la couverture.

658. Musset (Alfred de). Louison. Comédie en deux actes en vers. *Paris, Charpentier*, 1849, in-12, demi-rel. mar. bleu, tête dor., non rogné. (*Lemardeley*.)

Édition originale, avec la couverture.

659. Musset (Alfred de). Le Chandelier. Comédie en trois actes. *Paris, Charpentier*, 1850, in-12, demi-rel. mar. bleu, tête dor., non rogné. (*Lemardeley*.)

660. Musset (Alfred de) et Émile Augier. L'Habit vert. Proverbe en un acte et en prose. *Paris, Mich. Lévy*, 1851, in-12, demi-rel. mar. bleu, tête dor., non rogné. (*Lemardeley*.)

Édition originale, avec la couverture.

661. Musset (Alfred de). Les Caprices de Marianne. Comédie en deux actes en prose. *Paris, Charpentier*, 1851, in-12, demi-rel. mar. bleu, tête dor., non rogné. (*Lemardeley*.)

Édition originale, avec la couverture.

662. Musset (Alfred de). Bettine. Comédie en un acte en prose.

Paris, Charpentier, 1851, in-12, demi-rel. mar. bleu, tête dor., non rogné. (*Lemardeley.*)

Édition originale, avec la couverture.

663. Musset (Alfred de). André del Sarto. Drame en deux actes et en prose. *Paris, Charpentier*, 1851, in-12, demi-rel. mar. bleu, tête dor., non rogné. (*Lemardeley.*)

Édition originale, avec la couverture.

25 fr.
Porquet

664. Musset (Alfred de). On ne badine pas avec l'amour. Comédie en trois actes et en prose. *Paris, Charpentier*, 1861, in-12, demi-rel. mar. bleu, tête dor., non rogné (*Lemardeley.*)

Édition originale, avec la couverture.

23 fr.
Porquet

665. Musset (Alfred de). Carmosine. Comédie en trois actes en prose. *Paris, Charpentier*, 1865, in-12, demi-rel. mar. bleu, tête dor., non rogné. (*Lemardeley.*)

Édition originale, avec la couverture.

5 fr.
Porquet

666. Musset (Alfred de). Fantasio, comédie en trois actes, en prose. *Paris, Charpentier*, 1866, in-12, demi-rel. mar. bleu, tête dor., non rogné. (*Lemardeley.*)

Édition originale avec la couverture.

10 fr.
Porquet

667. Musset (Paul de). Lui et Elle. *Paris, Charpentier*, 1862, in-12, demi-rel. maroq. bleu, tête dor., non rogné. (*Lemardeley.*)

10 fr.
Rouquette

668. Nadaud (Aug.). Chansons. *Périgueux, Bayle*, 1848, in-12, broché.

Édition originale avec la couverture.

4.50

669. Nadaud (Gustave). Chansons populaires, chansons de salon, chansons légères, eaux-fortes par Edmond Morin. *Paris, Librairie des bibliophiles*, 1879, 3 vol. in-8, demi-rel. mar. rouge, dos et coins, tête dor., non rognés. (*Cuzin.*)

L'un des 20 exemplaires tirés sur papier de Chine avec les figures en double état et les couvertures.

90 fr.

670. Nodier (Ch.). Histoire du roi de Bohème et de ses sept châteaux. *Paris, Delangle*, 1830, in-8, cart., non rogné.

28 fr.
rouquet

671. Nodier (Ch.). La Seine et ses bords, vignettes par Marville et Foussereau, pub. par A. Mure de Pelanne. *Paris, au*

bureau de la publication, 1836, in-8, demi-rel. mar. rouge, dos et coins, tête dor., non rogné. (*Reymann.*)

Bel exemplaire avec la couverture.

21 fr.

672. NORIAC (Jules). Le 101e régiment, illustré par Armand-Dumarescq, G. Janet, Pelcoq, Morin, etc. *Paris, Librairie nouvelle,* 1860, in-8, demi-rel. mar. rouge, dos et coins, tête dor., non rogné. (*Reymann.*)

Exemplaire tiré sur papier teinté.

100 fr. Claudin

673. NORVINS (de). Histoire de Napoléon, vignettes par Raffet. *Paris, Furne,* 1839, gr. in-8, mar. ch. noir, tête dor., non rogné.

Exemplaire tiré sur papier de Chine, provenant de la bibliothèque de San Donato dont il porte *l'ex libris* sur le faux titre.

1,053 fr. Porquet

674. OBOLE (l') de la Vie Moderne aux inondés de Murcie, vers de Victor Hugo, Banville, Heredia, Coppée, A. Silvestre. Dessins de Giacomelli, Scott, Rico, Madrazo, A. Marie, Courboin, Clairin et Fortuny. *Paris,* 1881, pet. in-fol. gravé et tiré à 100 exemplaires par Ch. Gillot, broché.

Exemplaire tiré sur papier de Chine avec la couverture en papier doré.

6 fr. Conquet

675. OHNET (Georges). Les Batailles de la vie. La Comtesse Sarah. *Paris, Ollendorff,* 1883, in-12, broché.

Édition originale. Exemplaire tiré sur papier de Hollande, avec la couverture.

6 fr.

676. O'NEDDY (Philothée) (Théophile Dondey). Feu et Flamme. *Paris, Dondey-Dupré,* 1833, in-8, frontispice de C. Nanteuil sur papier de Chine, demi-rel. mar. orange, dos et coins, tête dor., non rogné. (*Perreau.*)

66 fr.

677. OSMOY (comte d') et A. Georges. Mélodies. Avec eaux-fortes de MM. de Beaulieu, Bouguereau, Detaille, Hédouin, Laurens, Lefebvre, Masson, Ribot, Teyssonnières, Veyrassat. *Paris, Michaelis,* 1880, in-4, demi-rel. mar. bleu, dos et coins, tête dor., non rogné. (*Reymann.*)

Frontispice et 11 eaux-fortes.

14 fr.

678. PAGÈS (Alph.). Un arrêt d'outre-tombe. *Paris, Agence générale de librairie,* 1868, petit in-12, broché.

Édition originale, envoi autographe d'auteur, avec la couverture.

1 fr.

679. Pailleron (Édouard). L'Étincelle. Comédie en un acte, en prose. *Paris, Michel Lévy,* 1861, in-12, cart., non rogné. — Le Second Mouvement. Comédie en trois actes en vers. *Paris, Michel Lévy,* 1865, in-12, cart., non rogné. Éditions originales avec les couvertures. — L'Age ingrat, comédie en trois actes. *Paris, C. Lévy,* 1879, in-12, broché.

13 fr.

680. Pailleron (Édouard). Les Faux Ménages. Comédie en quatre actes, en vers. *Paris, Michel Lévy,* 1869, gr. in-8, cart., non rogné. — Hélène. Drame en trois actes en vers. *Paris, Michel Lévy,* 1873, gr. in-8, cart., non rogné.

12 fr. Conquet

Éditions originales, avec les couvertures.

681. Pailleron (Édouard). Le Théâtre chez Madame. *Paris, C. Lévy,* 1881, pet. in-8, broché.

4 fr. Conquet

Édition originale. Exemplaire tiré sur papier de Hollande.

682. Pailleron (Édouard). Le Théâtre chez Madame. *Paris, Calmann Lévy,* 1881, gr. in-8, mar. vert jans., tr. dor. (*Marius-Michel.*)

35 fr. Rouquette

Exemplaire tiré sur papier de Hollande, avec la couverture.

683. Pailleron (Édouard). Le Monde où l'on s'ennuie, comédie en trois actes. *Paris, C. Lévy,* 1881, grand in-8, mar. vert jans., dent. int., tr. dor. (*Marius-Michel.*)

41 fr

Édition originale. Exemplaire tiré sur papier de Hollande.

684. Panthéon des illustrations françaises au xixᵉ siècle, comprenant un portrait, une biographie et un autographe de chacun des hommes les plus marquants dans les arts, les lettres, les sciences, l'armée, etc., publié sous la direction de Victor Frond. *Paris, A. Pilon et Lemercier,* 1869, 16 vol. in-fol. renfermant 580 portraits, demi-rel. mar. bleu, non rognés.

85 fr. Jᵗ Torne

Manque le tome second.

685. Paris a cheval, texte et dessins par Crafty, avec une préface par Gustave Droz. *Paris, Plon,* 1883, gr. in-8, demi-rel. mar. bleu, dos et coins, tête dor., non rogné. (*Reymann.*)

41 fr. Rouquette

686. Paris a l'eau-forte, Avril à Juillet, 1873, premier volume. *Paris, Lesclide,* 1873, in-4, broché.

9 fr. Renard

Exemplaire tiré sur grand papier.

687. Parodie du Juif-Errant, complainte constitutionnelle en dix parties, par Ch. Philipon et L. Huart, 300 vignettes par Cham (de Noé). *Paris, Aubert, s. d.,* in-12, broché.

15 fr. Conquet

688. Pascal (Blaise). Pensées, fragments et lettres, publiés conformément aux manuscrits originaux, en grande partie inédits, par P. Faugère. *Paris, Andrieux,* 1844, 2 vol. in-8, avec fac-similé, mar. rouge, fil., dent. int., tr. dor. (*Trautz-Bauzonnet.*)

100 fr. Porquet

L'un des rares exemplaires tirés sur papier vélin.

689. Pellico (Silvio). Mes Prisons, trad. de Ant. de Latour, édition illustrée par Tony Johannot. *Paris, Charpentier,* 1843, grand in-8, demi-rel. mar. ch. noir, tr. jas.

4 fr.

690. Pellico (Silvio). Mes Prisons, suivi des Devoirs des hommes, traduction nouvelle, édition illustrée d'après les dessins de MM. Gérard Séguin, Daubigny, Steinheil, etc. *Paris, Delloye,* 1844, gr. in-8, demi-rel. mar. violet, tr. marb.

21 fr.

691. Perrault (Ch.). Contes du temps passé, précédés d'une notice littéraire par E. de La Bédollière, illustrés par Pauquet, Jeanron, Beaucé, etc., texte gravé par Blanchard. *Paris, L. Curmer,* 1843, gr. in-8, demi-rel. mar. bl., non rogné.

309 fr. Conquet

Provient de la bibliothèque de Paul de Saint-Victor.

692. Perrault (Ch.). Les Contes, précédés d'une préface par P. L. Jacob, douze eaux-fortes par Lalauze. *Paris, Librairie des bibliophiles,* 1876, 2 vol. in-8, demi-rel. mar. rouge, dos et coins, tête dor., non rognés. (*Cuzin.*)

56 fr.

L'un des 15 exemplaires tirés sur papier de Chine, avec les figures en double état et les couvertures.

693. Petitot. Les Émaux du musée impérial du Louvre. Portraits de personnages historiques et de femmes célèbres, du siècle de Louis XIV, gravés au burin par M. L. Ceroni.

Paris, Blaisot, 1862, 2 vol. in-4, demi-rel. mar. bleu, dos et coins, tête dor., non rognés. (*Reymann.*)

Très bel exemplaire contenant les portraits tirés sur papier de Chine, épreuves avant la lettre ; auquel on a ajouté : 89 pièces, eaux-fortes, épreuves non terminées, épreuves à l'état d'essai, et différents autres états des portraits suivants : Petitot. — Card. de Richelieu. — Anne d'Autriche. — Mme de Combalet. — Duchesse de Montpensier. — Gaston d'Orléans. — Mme de Montbazon. — Turenne. — Duc de La Rochefoucauld. — Marguerite de Lorraine. — Anne de Gonzague. — Ninon de Lenclos. — Mme de La Suze. — Mme de Longueville. — Colbert. — Christine de Suède. — Mlle de Montpensier. — Mme de Sévigné (7 pièces). — Mme de Thianges. — Princesse de Condé. — Comte de Grignan. — Comtesse d'Olonne. — Mme Deshoulières. — Mme de Maintenon (9 pièces). — Catinat. — Marie-Thérèse d'Autriche. — Louis XIV (5 pièces). — Monsieur frère du Roi. — Tourville. — Marquise de Lavardin. — Mme de Montespan. — Henriette d'Angleterre. — Mlle de La Vallière. — Duchesse de Mazarin. — Mlle de Valois. — Mme de Ludres. — M. de Malezieux. — Duchesse de Portsmouth. — Maréchal de Villars. — Mlle de Fontanges. — Le grand Dauphin. — Villarceaux. — Mlle Dupré.

470 fr. greppe

694. Petits Chefs-d'œuvre antiques : Apulée, l'Amour et Psyché. — Longus, Daphnis et Chloé. — Musée, Héro et Léandre. — Ovide, les Amours. — Tatius, Leucippe et Clitophon. *Paris, A. Quantin,* 1878-1881. — Ensemble 5 vol. in-32, figures, brochés.

85 fr. Renard

695. Physiologies par Soulié, — M. Alhoy, — Couailhac, — H. Monnier, — Huart, — Balzac, etc. *Paris, Aubert, s. d.,* 30 vol. in-18, cart. et brochés.

Contient les physiologies suivantes : du Fumeur, — du Viveur, — de la Portière, — de l'Employé, — du Bas-Bleu, — du Prédestiné, — du Gamin de Paris, — du Calembour, — du Carnaval, — de l'Homme marié, — du Chasseur, — de l'Homme à bonnes fortunes, — de la Lorette, — de l'Étudiant, — de l'Homme de loi, — du Flâneur, — du Musicien, — du Voyageur, — du Médecin, — du Bourgeois, — du Garde national, — du Théâtre, — du Provincial à Paris, — du Débardeur, — du Célibataire, — du Troupier, — du Rentier, — du Créancier, — du Poète, — des Amoureux.

70 fr.

696. Pictet (Ad.). Une course à Chamounix, conte fantastique. *Paris, B. Duprat,* 1838, in-8, broché.

Vignettes de Tony Johannot sur papier de Chine, avec la couverture.

24 fr. Rouquette

697. Pirouette (Coquelin Cadet). Fariboles. Dessins de Henri Pille. *Paris, Paul Ollendorff,* 1882, in-8, demi-rel.

28 fr. Rouquette

mar. rouge, dos et coins, tête dor., non rogné. (*Reymann.*)

Exemplaire tiré sur papier du Japon. Avec la couverture.

698. PITRE-CHEVALIER. Bretagne et Vendée. Histoire de la Révolution dans l'Ouest, illustrée par A. Leleux, O. Penguilly et T. Johannot. *Paris, W. Coquebert, s. d.* (1845), gr. in-8, demi-rel. mar. bleu, dos et coins, tête dor., non rogné.

120 fr.
Conquet

699. PITRE-CHEVALIER. La Bretagne ancienne et moderne, illustrée par MM. A. Leleux, O. Penguilly et T. Johannot. *Paris, W. Coquebert, s. d.* (1848), gr. in-8, demi-rel. mar. brun, dos et coins, tête dor., non rogné.

700. PLÉIADE (la). Ballades, fabliaux, nouvelles et légendes. — Homère. — Veda-Vyasa. — Marie de France. — Burger. — Hoffmann. — Ludwig-Tieck. — Ch. Dickens. — Gavarni. — H. Blaze. *Paris, L. Curmer,* 1842, in-8, fig., demi-rel. mar. La Vallière, dos et coins, tête dor., non rogné. (*David.*)

916 fr.
Conquet

Exemplaire tiré sur papier de Chine, auquel on a ajouté 2 frontispices, l'un pour la Ballade de Lénore et l'autre pour le Conseiller Krespel, tirés sur papier de Chine.

Le frontispice du Lai des deux amants est tiré sur papier de Chine avant toute lettre.

Les frontispices de Rosemonde, de Savitri, de Madame Acker et la planche de Savitri sont tirés sur papier vélin, ainsi que le titre et le faux-titre.

Le frontispice est tiré en grisaille.

701. PONSARD (Fr.). Lucrèce, tragédie en cinq actes et en vers. *Paris, Furne,* 1843, gr. in-8, cart., non rogné.

10 fr.
Émaillet

Édition originale avec la couverture. Exemplaire provenant de la bibliothèque de Sainte-Beuve, qui a transcrit sur la couverture un passage des Confessions de J.-J. Rousseau.

702. PONSARD (Fr.). Agnès de Méranie, tragédie en cinq actes et en vers. *Paris, Furne,* 1847, in-8, cart., non rogné.

2 fr.
J. Jove

Édition originale avec la couverture.

703. PONSARD (Fr.). Charlotte Corday, tragédie en cinq actes et en vers. *Paris, Blanchard,* 1850, in-8, broché. — Ulysse, tragédie mêlée de chœurs, en trois actes avec prologue et

1 fr.
conquet

épilogue. *Paris, Mich. Lévy frères*, 1852, in-12, cart., non rogné.

Éditions originales avec les couvertures.

704. PONSARD (Fr.). L'Honneur et l'Argent, comédie en cinq actes et en vers. *Paris, Mich. Lévy*, 1853, in-12, cart., non rogné. — Ce qui plaît aux femmes, comédie en trois actes en prose. *Paris, Mich. Lévy*, 1860, in-12, cart., non rogné.

Éditions originales avec les couvertures.

7 fr.

705. PONSARD (Fr.). Le Lion amoureux. *Paris, Mich. Lévy*, 1866, in-8, cart., non rogné.

4.50

706. PRÉVOST (l'abbé). Histoire de Manon Lescaut et du chevalier Des Grieux, édition illustrée par Tony Johannot, précédée d'une notice historique sur l'auteur par J. Janin. *Paris, Bourdin, s. d.* (1839), gr. in-8, fig., demi-rel. mar. bleu, non rogné.

L'un des très rares exemplaires imprimés sur papier de Chine d'un seul côté.

100 fr. conquet

707. PRÉVOST (l'abbé). Histoire de Manon Lescaut et du chevalier des Grieux, précédée d'une étude par Arsène Houssaye, six eaux-fortes par Hédouin. *Paris, Librairie des bibliophiles*, 1874, 2 vol. in-8, demi-rel. mar. bleu, dos et coins, tête dor., non rognés. (*Cuzin.*)

L'un des 15 exemplaires tirés sur papier de Chine, avec les figures en double état et les couvertures.

116 fr. Rouquette

708. PROUDHON (P.-J.). De la justice dans la Révolution et dans l'Église. *Paris, Garnier*, 1858, 3 vol. in-12, demi-rel. mar. ch. noir, tr. jas.

4 fr.

709. QUATRELLES. A coups de fusil, ouvrage illustré de 30 dessins originaux, hors texte, par A. de Neuville. *Paris, Charpentier*, 1877, in-4, demi-rel. mar. vert, dos et coins, tête dor., non rogné. (*Reymann.*)

Exemplaire auquel on a ajouté les deux planches supprimées par la censure.

49 fr. conquet

710. QUATRELLES ET EUG. COURBOIN. La Diligence de Ploër-

mel. *Paris, Hachette, s. d.*, (1883), in-4, demi-rel. mar. brun, dos et coins, tête dor., non rogné.

L'un des 10 exemplaires tirés sur papier du Japon avec les figures en double état, noires et coloriées.

711. Quevedo (Francisco de). Histoire de Pablo de Ségovie (El gran Tacaño). Traduite de l'espagnol et annotée par A. Germond de Lavigne. Illustrée de nombreux dessins par D. Vierge. *Paris, L. Bonhoure*, 1882, gr. in-8, broché.

L'un des 15 exemplaires tirés sur papier du Japon.

712. Rabelais (Fr.). Œuvres avec des remarques historiques et critiques de M. Le Duchat, nouvelle édition augmentée de quantités de nouvelles remarques et de plusieurs pièces curieuses. *Amsterdam, J.-F. Bernard*, 1741, 3 vol. in-4, front. par Folkema, portr. par Tanjé, culs-de-lampe et vignettes par B. Picart et 12 figures dess. par Dubourg, gr. par Folkema et Tanjé, v. marb.

713. Rabelais (Fr.). Œuvres contenant la vie de Gargantua et celle de Pantagruel, précédées d'une notice historique sur la vie et les ouvrages de Rabelais, par P. L. Jacob, illustrations par Gustave Doré. *Paris, J. Bry*, 1854, gr. in-8, demi-rel. mar. rouge, dos et coins, tête dor., non rogné. (*Reymann.*)

714. Rabelais (Fr.). Cinq livres publiés avec des variantes et un glossaire par P. Chéron et ornés de 11 eaux-fortes par E. Boilvin. *Paris, Librairie des bibliophiles*, 1876-1877, 5 vol. in-8, demi-rel. mar., rouge, dos et coins, tête dor., non rognés. (*Cuzin.*)

L'un des 15 exemplaires tirés sur papier de Chine, avec les figures en double état et les couvertures.

715. Racine (J.). Œuvres. Texte original avec variantes. *Paris, Lemerre, s. d.*, 5 vol. pet. in-12, brochés.

L'un des 35 exemplaires tirés sur papier de Chine, avec le frontispice en double état.

716. Rapinéide (la), ou l'Atelier. Poème burlesco-comico-tragique en sept chants, par un ancien rapin des ateliers Gros et Girodet (A. Le Noble). *Paris, Barraud*, 1870, gr.

in-8, fig. et vignettes, demi-rel. mar. bleu, dos et coins,
tête dor., non rogné. (*Reymann.*)

L'un des 20 exemplaires tirés sur papier de Chine, avec la couverture.

717. REGNIER DE GRAAF. L'Instrument de Molière. Traduction
du traité *De clysteribus* (1668). *Paris, Morgand et Fatout,*
1878, in-8, portr. broché.

Exemplaire tiré sur papier de Chine.

5 fr.

718. REVUE (la) COMIQUE à l'usage des gens sérieux. Histoire
morale, politique, critique et artistique de la semaine,
texte par A. Lireux, C. Caraguel, Gérard de Nerval, de
La Bédollière, etc., dessins par Bertall, Lorenz, Quillen-
bois, etc., de novembre 1848 à décembre 1849. *Paris, Dumineray,* 1848-1849, 2 vol. gr. in-8, demi-rel. mar. rouge,
dos et coins, tête dor., non rognés.

Très bel exemplaire avec les couvertures et l'affiche.

25 fr.
Rouquette

719. REVUE RÉTROSPECTIVE, ou Archives secrètes du dernier
gouvernement (publiée par Taschereau). *Paris, Paulin,*
1848, gr. in-8, demi-rel. mar. vert, dos et coins, tête dor.,
non rogné.

15 fr.

720. REYBAUD (Louis). Jérôme Paturot à la recherche d'une
position sociale et politique. *Paris, Paulin,* 1843, 3 vol. in-8,
demi-rel. mar. vert, dos et coins, tête dor., non rognés.
(*Lemardeley.*)

Édition originale.

14 fr.

721. REYBAUD (Louis). Jérôme Paturot à la recherche d'une
position sociale, édition illustrée par Grandville. *Paris,
J.-J. Dubochet,* 1846, gr. in-8, demi-rel. mar. vert, coins,
dos orné, tête dor., non rogné. (*Cuzin.*)

Exemplaire de premier tirage avec la couverture.

100 fr.
Porquet

722. REYBAUD (Louis). Jérôme Paturot à la recherche d'une
position sociale. *Paris, Paulin,* 1847, 2 tomes en 1 vol.
in-12, cart., non rogné.

1.50

723. REYBAUD (Louis). Jérôme Paturot à la recherche de la

meilleure des Républiques. *Paris, Michel Lévy,* 1848-1849, 4 vol. in-8, cart., non rognés.

22 fr.

Édition originale, avec les couvertures.

724. REYBAUD (Louis). Jérôme Paturot à la recherche de la meilleure des Républiques, édition illustrée par Tony Johannot. *Paris, Michel Lévy,* 1849, gr. in-8, demi-rel. mar. vert, coins, dos orné, tête dor. non rogné. (*Cuzin.*)

120 fr.
Claudin

Exemplaire de premier tirage avec la couverture.

725. ROBIDA. Le Vingtième Siècle, texte et dessins. *Paris,* G. Decaux, 1883, gr. in-8, cart., non rogné.

14 fr.
Belin

726. ROLLAND (Amédée). Au fond du verre. *Paris, imprimerie d'Aubusson et Kugelmann,* 1854, in-32, mar. rouge, dent. int., tête dor., non rogné. (*Amand.*)

30 fr.
longuet

On a ajouté à l'exemplaire une lettre autographe de l'auteur. Sur le faux titre, une note de Ch. Monselet indique que ce volume est de toute rareté.

727. ROLLINAT (Maurice). Les Névroses. *Paris, Charpentier,* 1883, in-12, demi-rel. mar. vert, dos et coins, tête dor., non rogné. (*Reymann.*)

12 fr.

Édition originale.

728. ROLLINAT (Maurice). Les Névroses. *Paris, Charpentier,* 1883, in-12, broché.

18 fr.
longuet

Sur le faux titre, quatre vers autographes du poète.

729. ROUGET DE LISLE. Essais en vers et en prose. *Paris, Didot,* 1796, in-8, pap. vélin, demi-rel. mar. bleu, non rogné.

34 fr.
morgand

On a ajouté à cet exemplaire un autographe de Rouget de Lisle, et la Marche des Marseillais, paroles et musique, chantée sur diferants (*sic*) théâtres.

730. ROUMANILLE (J.). Lis Entarro-Chin. Galejado Boulega-rello (emé traducioun franceso vis-à-vis). Sièisenco édi-cioun, illustrado de 16 estampo pèr Charles Coumbe de Dièu-lou-fet. *Avignoun, J. Roumanille,* 1874, in-8, demi-rel. mar. rouge, tête dor., non rogné.

8 fr.
longuet

731. ROUMANILLE (J.). Le Médecin de Cucugnan, avec la tra-

duction française par Alphonse Daudet. Dessins de Ch.
Combe. *Paris, Lacroix, s. d.,* in-4, fig., cart., non rogné.

11 fr.
conquet

732. ROUSSEAU (J.-J.). Les Confessions, avec une préface par
Marc Monnier, treize eaux-fortes par Ed. Hédouin. *Paris,
Librairie des bibliophiles,* 1881, 4 vol. in-8, mar. bleu, fil.,
dos ornés, tr. dor. (*Cuzin.*)

345 fr.
Briquet

    Exemplaire tiré sur papier de Chine, contenant les figures en tri-
ple état, eau-forte avant la lettre et avec la lettre ; relié sur brochure,
non rogné.

733. ROUSSELET (Louis). L'Inde des Rajahs. — Voyage dans
l'Inde centrale et dans les provinces de Bombay et du Ben-
gale. Ouvrage contenant 317 gravures sur bois et six cartes. *Paris, Hachette,* 1875, in-4, demi-rel. mar. vert., dos
et coins, tête dor., non rogné. (*Champs.*)

60 fr.
conquet

    Avec la couverture.

734. ROYER (Alphonse). Venezia la Bella. *Paris, Eug. Renduel,*
1834, 2 vol. gr. in-8, frontispices de Célestin Nanteuil,
tirés sur papier de Chine, demi-rel. mar. bleu, dos et coins,
tête dor., non rognés. (*Reymann.*)

135 fr.
morgand

    L'un des rares exemplaires imprimés sur grand papier vélin.

735. RUES DE PARIS (les). Paris ancien et moderne, origines,
histoire, monuments, costumes, mœurs, chroniques et traditions. — Ouvrage rédigé par l'élite de la littérature contemporaine sous la direction de Louis Lurine, et illustré
de 300 dessins exécutés par les artistes les plus distingués.
Paris, G. Kugelmann, 1844, 2 vol. gr. in-8. demi-rel. mar.
bleu, dos et coins, tête dor., non rognés. (*Allô.*)

70 fr.
conquet

    Les gravures sur bois tirées hors texte sont en deux états, sur pa-
pier blanc et sur papier de Chine monté.

736. SAHIB. Croquis maritimes. *Paris, Vanier,* 1880, in-4,
broché.

21 fr.

    Exemplaire tiré sur papier de Chine, avec la couverture.

737. SAINT-PIERRE (Bernardin de). Paul et Virginie. *Paris,
L. Curmer,* 1838, gr. in-8, cart., non rogné.

185 fr.
Rouquette

    Très bel exemplaire de premier tirage, dans le cartonnage de l'édi-
teur et renfermé dans un étui.

738. SAINT-PIERRE (Bernardin de). Paul et Virginie, illustré
de 100 vignettes, par Bertall. *Paris, Gustave Havard*, 1845,
in-8, cart., non rogné.

Avec la couverture.

11 fr.

739. SAINT-PIERRE (Bernardin de). Paul et Virginie. Eaux-
fortes de Laguillermie. *Paris, Librairie des bibliophiles,* 1878,
in-8, demi-rel. mar. vert, dos et coins, tête dor., non rogné.
(*Cuzin.*)

L'un des 20 exemplaires tirés sur papier de Chine, avec les figures
en triple état et la couverture.

68 fr.
Des foutaider

740. SAINTE-BEUVE. Les Consolations, poésies. *Paris, Urbain
Canel,* 1830, in-12, demi-rel. mar. vert, non rogné.

Édition originale.

12 fr.

741. SAINTE-BEUVE. Vie, poésies et pensées de Joseph De-
lorme. *Paris, Delangle,* 1830, in-8, demi-rel. mar. rouge,
tête dor., non rogné. (*Lortic.*)

7 fr.

742. SAINTE-BEUVE. Poésie. — Les Consolations. *Paris, Eug.
Renduel,* 1835, in-8, demi-rel. mar. rouge, tête dor., non
rogné.

9 fr.

743. SAINTE-BEUVE. Livre d'amour. *Paris, imprimerie de Pom-
meret et Guénot,* 1843, in-8, demi-rel., dos et coins mar.
bleu, tête dor., non rogné. (*Raparlier.*)

Livre rare, tiré à petit nombre, et qui n'a pas été mis dans le commerce.

168 fr.
Morgand

744. SAINTE-BEUVE. Œuvres. Tableau de la poésie française
au xvi° siècle. Édition définitive. *Paris, Lemerre.* 1876,
2 vol. pet. in-12, brochés.

L'un des 25 exemplaires tirés sur papier de Chine.

1 fr.
Belin

745. SAINTINE (X.-B.). La Mythologie du Rhin. Illustrée par
Gustave Doré. *Paris, Hachette,* 1862, gr. in-8, demi-rel.
mar. vert, dos et coins, tête dor., non rogné. (*Reymann.*)

30 fr.
Conquet

746. SALON ILLUSTRÉ de 1879, comprenant 200 dessins originaux exécutés par les artistes d'après leurs œuvres et accompagnés de poésies inédites, publiées sous la direction de
F.-G. Dumas. *Paris, Lud. Baschet, s. d.,* 2 vol. in-8, brochés.

Exemplaire d'artiste, texte et dessin sur papier vélin anglais, eaux-

23 fr.
Belin

fortes tirées sur papier du Japon épreuves avant toutes lettres; ren-
renfermé dans un cartonnage spécial.

747. SAND (George). Lélia. *Paris, Dupuy et Tenré*, 1833, 2 vol. in-8, cart., non rognés.

Édition originale. Envoi d'auteur signé à De Sénancour.

33 fr. complet

748. SAND (George). André. *Paris, Bonnaire*, 1835, in-8, mar. viol., fil.

Édition originale. Sur le faux titre, le cachet de la bibliothèque de San Donato.

6 fr. complet

749. SAND (George). Leone Leoni. *Paris, Bonnaire*, 1835, in-8, cart., non rogné.

Édition originale, avec la couverture.

3 fr.

750. SAND (George). Mauprat. *Paris, Bonnaire*, 1837, 2 vol. in-8, cart., non rognés.

Édition originale.

16 fr.

751. SAND (George). Lettres d'un voyageur. *Paris, Bonnaire*, 1837, 2 vol. in-8, demi-rel. mar. bleu, dos et coins, tête dor., non rognés. (*Lemardeley.*)

Édition originale, avec les couvertures.

10 fr.

752. SAND (George). L'Uscoque. *Paris, Bonnaire*, 1838, in-8, cart., non rogné.

Édition originale, avec la couverture.

2.50

753. SAND (George). Spiridion. *Paris, Bonnaire*, 1839, in-8, cart., non rogné.

Édition originale, avec la couverture.

2.10

754. SAND (Georges). Consuelo. *Paris, L. de Potter*, 1844, 8 vol. in-8, cart., non rognés.

Édition originale, avec les couvertures.

14 fr.

755. SAND (George). La Comtesse de Rudolstadt. *Paris, L. de Potter*, 1844, 5 vol. in-8, cart., non rognés.

Édition originale, avec les couvertures.

12 fr.

756. SAND (George). Jeanne. *Paris, de Potter*, 1845, 3 vol. in-8, brochés.

Édition originale, avec les couvertures.

2.50

757. SAND (George). La Mare au Diable. *Paris, Desessart,* 1846, 2 vol. in-8, cart., non rognés.

Édition originale.

20 fr.
Porquet

758. SAND (George). Le Château des Désertes. *Paris, Michel Lévy,* 1851, 2 vol. in-8, cart., non rognés.

Édition originale. Exemplaire tiré sur papier vélin,

28 fr.
Louquet

759. SAND (George). Les Maîtres sonneurs. *Paris, A. Cadot,* 1853, 4 vol. in-8, cart., non rognés.

Édition originale, avec les couvertures.

19 fr.

760. SAND (George). La Filleule. *Paris, Alex. Cadot,* 1855, 4 vol. in-8, cart., non rognés.

Édition originale, avec les couvertures.

15 fr.

761. SAND (George). Mont-Revêche. *Paris, Cadot,* 1855, 4 vol. in-8, cart., non rognés.

Édition originale, avec les couvertures.

12 fr.
Rouquette

762. SAND (George). Evénor et Leucippe. *Paris, Garnier frères,* 1856, 3 vol. in-8, cart., non rognés.

Édition originale, avec les couvertures.

6 fr.
Rouquette

763. SAND (George). Elle et Lui. *Paris, Hachette,* 1859, in-12, demi-rel. mar. vert jans., tête dor., non rogné.

Édition originale, avec la couverture.

15 fr.
Randon

764. SAND (George). Molière. Drame en quatre actes. *Paris, Blanchard,* 1851, in-12, cart., non rogné. — Le Mariage de Victorine. Comédie en trois actes. *Paris, Blanchard,* 1851, in-12, cart., non rogné. — Le Démon du foyer. Comédie en deux actes. *Paris, Giraud,* 1852, in-12, cart., non rogné. — Les Vacances de Pandolphe. Comédie en trois actes. *Paris, Giraud,* 1852, in-12, cart., non rogné.

Éditions originales, avec les couvertures.

10 fr.

765. SAND (George). Le Pressoir. Drame en trois actes. *Paris, Michel Lévy frères,* 1853, in-12, cart., non rogné. — Le Lis du Japon. Comédie en un acte, en prose. *Paris, Michel Lévy frères,* 1866, in-12, cart., non rogné. — Cadio. Drame en cinq actes et huit tableaux. *Paris, Michel Lévy frères,* 1868, in-12, cart., non rogné.

Éditions originales, avec les couvertures.

3 fr.

766. SAND (George). Flaminio. Comédie en trois actes. *Paris, Librairie théâtrale,* 1854, in-12, cart., non rogné. — Mauprat. Drame en cinq actes. *Paris, Librairie théâtrale,* 1854, in-12, cart., non rogné. — Maître Favilla. Drame en trois actes et en prose. *Paris, Librairie nouvelle,* 1855, in-12, cart., non rogné. — Lucie. Comédie en un acte et en prose. *Paris, Librairie nouvelle,* 1856, in-12, cart., non rogné.

Éditions originales, avec les couvertures.

767. SAND (George). Françoise. Comédie en quatre actes et en prose. *Paris, Librairie nouvelle,* 1856, in-12, cart., non rogné. — Comme il vous plaira. Comédie en trois actes et en prose. *Paris, Librairie nouvelle,* 1856, in-12, cart., non rogné. — Marguerite de Sainte-Gemme. Comédie en trois actes, en prose. *Paris, Michel Lévy,* 1859, in-12, cart., non rogné. — Les Beaux Messieurs de Bois-Doré. Drame en cinq actes. *Paris, Michel Lévy,* 1862, in-12, cart., non rogné.

Éditions originales, avec les couvertures.

768. SAND (George). Le Marquis de Villemer. Comédie en quatre actes, en prose. *Paris, Michel Lévy frères,* 1864, in-8, demi-rel. mar. La Vallière, dos et coins, tête dor., non rogné. — L'Autre. Comédie en quatre actes et un prologue. *Paris, Michel Lévy,* 1870, in-8, cart., non rogné.

Éditions originales, avec les couvertures.

769. SANDEAU (Jules). Marianna. *Paris, Werdet,* 1839, 2 vol. in-8, demi-rel. mar. vert, dos et coins, tête dor., non rognés. (*Lemardeley.*)

Édition originale, avec les couvertures.

770. SANDEAU (Jules). Le Docteur Herbeau. *Paris, Gosselin,* 1842, 2 vol. in-8, cart., non rognés.

771. SANDEAU (Jules). Fernand. *Paris, Desessart,* 1844, in-8, cart., non rogné.

Édition originale, avec la couverture.

772. SANDEAU (Jules). Mademoiselle de La Seiglière. *Paris, Michel Lévy,* 1847, 2 vol. in-8, demi-rel. mar. bleu jans., dos et coins, tête dor., non rognés. (*Lemardeley.*)

Édition originale. Exemplaire tiré sur papier fort, avec les couvertures.

24 fr.
Rouquette

773. SANDEAU (Jules). Valcreuse. *Paris, Desessart,* 1847, 3 vol. in-8, cart., non rognés.

Édition originale, avec les couvertures.

20 fr.
Conquet

774. SANDEAU (Jules). Madeleine. *Paris, Michel Lévy,* 1849, in-8, demi-rel. mar. bleu, dos et coins, tête dor., non rogné. (*Lemardeley.*)

37 fr.
Rouquette

775. SANDEAU (Jules). La Chasse au roman. *Paris, Michel Lévy,* 1849, 2 vol. in-8, demi-rel. mar. bleu, dos et coins, tête dor., non rognés. (*Lemardeley.*)

Édition originale, avec les couvertures.

25 fr.
Conquet

776. SANDEAU (Jules). Un héritage. *Paris, Michel Lévy,* 1849, 2 vol. in-8, brochés.

Édition originale, avec les couvertures.

27 fr.
Rouquette

777. SANDEAU (Jules). Sacs et Parchemins. *Paris, Michel Lévy,* 1851, 2 vol. in-8, demi-rel., dos et coins mar. vert, tête dor., non rognés. (*Lemardeley.*)

Édition originale, avec les couvertures.

6.50
Rouquette

778. SANDEAU (Jules). Jean de Thommeray. — Le Colonel Évrard. *Paris, Michel Lévy,* 1873, in-12, demi-rel. mar. bleu, tête dor., non rogné.

Édition originale, avec la couverture.

10 fr.

779. SANDEAU (Jules). Mademoiselle de La Seiglière. Comédie en quatre actes et en prose. *Paris, Michel Lévy,* 1851, in-12, cart., non rogné.

Édition originale, avec la couverture.

24 fr.
Conquet

780. SARDOU (Victorien). La Taverne. Comédie en trois actes et en vers. *Paris, Giraud,* 1854, in-12, cart., non rogné. — Les Pattes de mouche. Comédie en trois actes, en prose. *Paris, Michel Lévy,* 1860, in-12, cart., non rogné. — L'Écureuil. Comédie en un acte. *Paris, Michel Lévy,* 1861, in-12, cart., non rogné.

Éditions originales, avec les couvertures.

14 fr.
Conquet

781. SARDOU (Victorien). Piccolino. Comédie en trois actes. *Paris, Michel Lévy,* 1861, in-12, cart., non rogné. — Les Femmes fortes. Comédie en trois actes, en prose. *Paris,*

Michel Lévy, 1861, in-12, cart., non rogné. —La Papillonne. Comédie en trois actes, en prose. *Paris, Michel Lévy,* 1862, in-12, cart., non rogné. — Nos Intimes. Comédie en quatre actes, en prose. *Paris, Michel Lévy,* 1862, in-12, broché.

Éditions originales, avec les couvertures.

782. SARDOU (Victorien). Monsieur Garat. *Paris, Michel Lévy,* 1862, in-12, cart., non rogné. — La Perle noire. Comédie en trois actes. *Paris, Michel Lévy,* 1862, in-12, cart., non rogné. *Édition originale.* — Les Diables noirs. Drame en quatre actes. *Paris, Michel Lévy,* 1864, in-12, cart., non rogné. *Édition originale.* — Don Quichotte. Pièce en trois actes. *Paris, Michel Lévy,* 1864, in-12, cart., non rogné. *Édition originale.*

16 fr.

783. SARDOU (Victorien). Les Pommes du voisin. Comédie en trois actes et quatre tableaux. *Paris, Michel Lévy,* 1865, in-12, cart., non rogné. — Les Vieux Garçons. Comédie en cinq actes, en prose. *Paris, Michel Lévy,* 1865, in-12, cart., non rogné. — Maison neuve. Comédie en cinq actes, en prose. *Paris, Michel Lévy,* 1867, in-12, cart., non rogné.

17 fr, conquet

Éditions originales, avec les couvertures.

784. SARDOU (Victorien). La Famille Benoîton. Comédie en cinq actes, en prose. *Paris, Michel Lévy,* 1866, in-12, cart., non rogné.

36 fr, Renard

Édition originale, avec la couverture.

785. SARDOU (Victorien). Patrie. Drame historique en cinq actes. *Paris, Michel Lévy,* 1869, gr. in-8, cart., non rogné. — Daniel Rochat. Comédie en cinq actes. *Paris, C. Lévy,* 1880, gr. in-8, cart., non rogné.

13 fr.

Éditions originales, avec les couvertures.

786. SARDOU (Victorien). Séraphine. Comédie en cinq actes. *Paris, Michel Lévy,* 1869, gr. in-8, cart., non rogné. — Fernande. Pièce en quatre actes, en prose. *Paris, Michel Lévy,* 1870, gr. in-8, cart., non rogné.

10 fr, conquet

Éditions originales, avec les couvertures.

787. SARDOU (Victorien). Rabagas, Comédie en cinq actes, en

3 65 fr.
Louquet

prose. *Paris, Michel Lévy,* 1872, gr. in-8, cart., non rogné.

Édition originale avec la couverture. Exemplaire imprimé sur grand papier et tiré à très petit nombre.

11 fr.
Louquet

788. SARDOU (Victorien). Le Roi Carotte. Opérette-féerie en trois actes. *Paris, Michel Lévy,* 1872, in-12, cart., non rogné. — L'Oncle Sam, comédie en quatre actes. *Paris, Michel Lévy,* 1875, in-12, cart., non rogné.

Éditions originales avec les couvertures.

14 fr.
Louquet

789. SARDOU (Victorien) et de Najac (Émile). Divorçons ! Comédie en trois actes. *C. Lévy,* 1883, gr. in-8, broché.

Édition originale. — L'un des 30 exemplaires tirés sur papier de Hollande.

60 fr.
Rouquette

790. SCARRON. Le Roman Comique publié par les soins de D. Jouaust, avec une préface par P. Bourget. Eaux-fortes par L. Flameng. *Paris, Librairie des bibliophiles,* 1880, 3 vol. in-8, demi-rel. mar. orange, dos et coins, tête dor., non rognés. (*Cuzin.*)

L'un des 20 exemplaires tirés sur papier de Chine, avec les figures en double état et les couvertures.

165 fr.
Louquet

791. SCÈNES DE LA VIE PRIVÉE et publique des animaux. Vignettes par Grandville. — Études de mœurs contemporaines publiées sous la direction de P.-J. Stahl avec la collaboration de Balzac, La Bédollière, J. Janin, Ch. Nodier, G. Sand. *Paris, Hetzel et Paulin,* 1842, 2 vol. gr. in-8, demi-rel. mar. ch. rouge, tête dor., ébarbé.

Première édition avec les figures tirées sur papier de Chine.

7.10
Porquet

792. SCHOLL (Aurélien). Les Esprits malades. *Paris, Librairie nouvelle,* 1855, in-12, demi-rel. mar. bleu, dos et coins, tête dor., non rogné. (*Reymann.*)

Édition originale.

16 fr.
Louquet

793. SCHOLL (Aurélien). Denise. Historiette bourgeoise. *Paris, Ledoyen,* 1857, in-32, demi-rel. mar. bleu, dos et coins, tête dor. non rogné. (*Reymann.*)

Édition originale.

10 fr.
Porquet

794. SCHOLL (Aurélien). L'Art de rendre les femmes fidèles. *Paris, Librairie nouvelle,* 1860, in-32, demi-rel. mar. vert., dos et coins, tête dor., non rogné. (*Reymann.*)

795. Scribe (Eugène). Maurice. *Paris, Comptoir des impri-meurs unis,* 1845, in-8, cart., non rogné.

Édition originale avec la couverture.

2 fr.

796. Scribe (Eugène). Bertrand et Raton, ou l'Art de conspirer. Comédie en cinq actes et en prose. *Paris, J.-N. Barba,* 1833, in-8, cart., non rogné.

Édition originale avec la couverture.

16 fr.
Porquet

797. Scribe (Eugène). La Camaraderie, ou la Courte-échelle. Comédie en cinq actes et en prose. *Paris, J.-N. Barba,* 1837, in-8, cart., non rogné.

Édition originale avec la couverture ; on a ajouté une très rare lithographie de Gavarni représentant la scène VIII du 2e acte.

13 fr.
Renard

798. Scribe (Eugène). La Calomnie. Comédie en cinq actes et en prose. *Paris, Henriot et Cie,* 1840, in-8, cart., non rogné. — La Czarine. Drame en cinq actes en prose. *Paris, Mich. Levy frères,* 1855, in-12, cart., non rogné. — Feu Lionel, ou Qui vivra verra. *Paris, Mich. Lévy frères,* 1858, in-12, cart. non rogné.

Éditions originales avec les couvertures.

6 fr.

799. Sensier (Alfred). Étude sur Georges Michel. *Paris, Lemerre,* 1873, gr. in-8. Portrait et 16 eaux-fortes, broché.

Envoi à Paul de Saint-Victor.

4 fr.

800. Sévigné (Mme de). Lettres choisies, 18 eaux-fortes par V. Foulquier. *Tours, Mame,* 1871, gr. in-8, demi-rel. mar. bleu, dos et coins, tête dor., non rogné. (*Reymann.*)

Bel exemplaire imprimé sur papier vergé contenant les tirages à part des 18 vignettes en double état, eaux-fortes pures et épreuves d'artiste.

80 fr.
couquet

801. Shakespeare. Œuvres complètes, traduites par F.-V. Hugo. *Paris, Lemerre, s. d.,* 16 vol. in-12, brochés.

Exemplaire tiré sur papier de Chine.

106 fr.
Rouquette

802. Shakespeare. Œuvres complètes, traduites par F.-V. Hugo. *Paris, Lemerre, s. d.,* 16 vol. in-12, brochés.

39 fr.
morgand

803. Silvestre (Armand). Chroniques du temps passé. Le Conte de l'Archer. Aquarelles de A. Poirson, gravées par Gillot. *Paris, Lahure et Rouveyre,* 1883, gr. in-8, demi-rel.

74 fr.
Desfontaines

mar. citron, dos orné et coins, tête dor., non rogné. (*Reymann.*)

Exemplaire imprimé sur papier du Japon, avec le tirage à part du trait des planches et des vignettes et le tirage à part de quatre aquarelles, également sur papier du Japon.

804. SONNETS ET EAUX-FORTES. Sonnets par Aug. Barbier, F. Coppée, Th. Gautier, Sully Prudhomme, etc. *Paris, Lemerre,* 1869, in-4, demi-rel. mar. bleu, dos et coins, tête dor., non rogné. (*Reymann.*)

42 eaux-fortes par *C. Nanteuil, G. Doré, F. Régamey, Daubigny, Jacquemart,* etc.
Exemplaire tiré sur papier Whatman, avec les eaux-fortes, épreuves en double état, avant la lettre et avec la lettre.

805. SOULIÉ (Frédéric). Le Lion amoureux, nouvelle édition illustrée de 13 vignettes dessinées par Sahib avec notice historique et littéraire par Ludovic Halévy. *Paris, L. Conquet,* 1882, in-12, mar. citron, fil. doublé de mar. bleu, dent. intér., dos orné, tr. dor. (*Cuzin.*)

Charmant exemplaire. L'un des 50 imprimés sur papier du Japon avec les vignettes tirées à part en double état.

806. SOUVENIRS (les) et les regrets du vieil amateur dramatique, ou Lettres d'un oncle à son neveu sur l'ancien théâtre français, depuis Bellecour, Lekain, Brizard, jusqu'à Molé, Larive, Monvel, etc. (par Vincent Arnault). *Paris, Ch. Fromont,* 1829, in-12, fig., mar. bleu, non rogné.

Très bel exemplaire tiré sur papier de Hollande, relié sur brochure et orné des 35 figures rehaussées d'or, d'argent et de couleurs, représentant en pied, d'après les miniatures originales faites d'après nature par Foesch de Basle et de Whirsker, les différents acteurs dans les rôles où ils ont excellé.

807. SOUVESTRE (Émile). Le Foyer breton. Traditions populaires. Illustré par Tony Johannot, O. Penguilly, A. Leleux, Fortin et Saint-Germain. *Paris, Coquebert, s. d.* (1844), gr. in-8, demi-rel. mar. ch. noir, tête dor., non rogné.

808. STAHL (P.-J.). Nouvelles et seules véritables Aventures de Tom-Pouce, imitées de l'anglais, 150 vignettes par Bertall. *Paris, Hetzel,* 1844, in-8, broché.

Avec la couverture.

809. STENDHAL (Henri Beyle). De l'Amour. *Paris, Mongie aîné,* 1822, 2 vol. petit in-12, brochés.

Édition originale.

27 fr.
louquet

810. STENDHAL (Henri Beyle). Promenades dans Rome. *Paris, Delaunay,* 1829, 2 vol. in-8, demi-rel. mar. rouge jans., dos et coins, tête dor., non rognés.

Édition originale.

19 fr.

811. STENDHAL (Henri Beyle). Le Rouge et le Noir. Chronique du xixe siècle. *Paris, Levavasseur,* 1831, 2 vol. in-8, mar. brun jans., dent. int., tr. dor. (*Cuzin.*)

Très bel exemplaire de l'édition originale relié sur brochure.

280 fr.
claudin

812. STENDHAL (Henri Beyle). Le Rouge et le Noir, réimpression textuelle de l'édition originale, illustrée de 80 eaux-fortes par H. Dubouchet, préface de Léon Chapron. *Paris, L. Conquet,* 1884, 3 vol. in-8, mar. vert, fil., dos ornés, dent. int., tr. dor. (*Cuzin.*)

Très bel exemplaire. L'un des 25 tirés sur papier du Japon, contenant 3 états des eaux-fortes, dont l'eau-forte pure.

335 fr.
louquet

813. STENDHAL (Henri Beyle). La Chartreuse de Parme. *Paris, Amb. Dupont,* 1839, 2 vol. in-8, mar. bleu, dos et plats ornés de filets, dent. int., tr. dor. (*Cuzin.*)

Très bel exemplaire de l'édition originale, relié sur brochure et contenant, à la fin, le catalogue de l'éditeur.

320 fr.

814. STENDHAL (Henri Beyle). La Chartreuse de Parme, illustrée de 32 eaux-fortes par V. Foulquier, préface de Fr. Sarcey. *Paris, L. Conquet,* 1883, 2 vol. gr. in-8, mar. olive, fil., dos ornés, dent. intér., tr. dor. (*Cuzin.*)

Très bel exemplaire. L'un des 25 tirés sur papier du Japon, contenant 3 états des eaux-fortes, dont l'eau-forte pure.

275 fr.

815. STERNE (Laurence). Voyage sentimental en France et en Italie, traduction nouvelle par Alfred Hédouin, 6 eaux-fortes par Edmond Hédouin. *Paris, Librairie des bibliophiles,* 1875, in-8, demi-rel. mar. bleu, dos et coins, tête dor., non rogné. (*Cuzin.*)

L'un des 15 exemplaires tirés sur papier de Chine, avec les figures en triple état et la couverture.

100 fr.

816. Straparole. Les Facétieuses Nuits, traduites par J. Louveau et P. de Larivey, publiées avec une préface et des notes par G. Brunet. *Paris, Librairie des bibliophiles*, 1882, 4 vol. in-8, mar. orange, fil., dos ornés, tr. dor. (*Cuzin.*)

306 fr.

Très bel exemplaire. L'un des 20 tirés sur papier de Chine, contenant les figures dessinées par Garnier, gravées par Champollion en quatre états différents : épreuves d'artiste avant la lettre sur papier du Japon (tirage à 10 exemplaires); avec la lettre sur papier de Chine; eau-forte et eau-forte pure premier état (tirage à 10 exemplaires).

817. Sue (Eugène). Atar-Gull. *Paris, Ch. Vimont*, 1831, in-8, demi-rel. veau rouge, vignette dess. par H. Monnier, non rogné.

31 fr.

Édition originale. De la bibliothèque de H. de Balzac.

818. Sue (Eugène). La Coucaratcha. *Paris, Urbain Canel*, 1832, 2 tomes en un vol. in-8, demi-rel. veau rouge, non rogné.

23 fr.

Édition originale, avec envoi autographe de l'auteur à H. de Balzac.

819. Sue (Eugène). La Salamandre. Roman maritime. *Paris, Eugène Renduel*, 1832, 2 tomes en un vol. in-8, demi-rel. veau rouge, non rogné.

36 fr.

Édition originale, avec envoi autographe d'Eugène Sue à H. de Balzac. On lit sur le faux titre du tome premier : « A mon ami de Balzac qui me parle trop de vertu. » Sur le faux titre du tome second : « A mon ami de Balzac qui me parle trop de vice. »

« Eugène Sue. »

820. Sue (Eugène). La Vigie de Koat-Ven. Roman maritime, 1780-1830. *Paris, Ch. Vimont*, 1833, 4 vol. in-8, demi-rel. veau rouge, non rognés.

20 fr.

Édition originale. De la bibliothèque de H. de Balzac.

821. Sue (Eugène). Le Juif-Errant. Édition illustrée par Gavarni. *Paris, Paulin*, 1845, 4 vol. gr. in-8, demi-rel. mar. bleu, dos et coins, tête dor., non rognés. (*Reymann.*)

78 fr.

Première édition illustrée, avec les couvertures.

822. Swift. Voyages de Gulliver dans des contrées lointaines. Traduction nouvelle, édition illustrée par Grandville. *Paris, H. Fournier*, 1839, 2 vol. in-8, frontispice sur Chine volant,

78 fr.

demi-rel. mar. rouge, dos et coins, tête dor., non rognés. (*Reymann*.)

Exemplaire de premier tirage, avec les couvertures.

823. SWIFT (Jonathan). Les Quatre Voyages du capitaine Lemuel Gulliver. Trad. de l'abbé Desfontaines, revue, complétée et précédée d'une notice par H. Reynald. Gravures à l'eau-forte par Lalauze. *Paris, Librairie des bibliophiles,* 1875, 2 vol. in-8, demi-rel. mar. vert, dos et coins, tête dor., non rognés. (*Cuzin*.)

L'un des 15 exemplaires tirés sur papier de Chine, avec les figures en double état et les couvertures.

824. TABLETTES ROMANTIQUES. Recueil de pièces en prose et en vers, par Ancelot, de Béranger, de Chateaubriand, C. Delavigne, Ém. Deschamps, Ch. Nodier, A. de Vigny, etc. *Paris, Persan,* 1823, in-12, portraits, cart., non rogné.

825. TAINE (H.). Voyage aux eaux des Pyrénées. Illustré de 65 vignettes sur bois par G. Doré. *Paris, Hachette,* 1855, in-12, broché.

Édition originale avec la couverture.

826. TAINE (H.). Voyage aux Pyrénées. Édition illustrée par Gustave Doré. *Paris, L. Hachette,* 1860, gr. in-8, demi-rel. mar. vert, dos et coins, tête dor., non rogné. (*Reymann*.)

827. TASSE (Le). Jérusalem délivrée, nouvelle traduction. *Paris, F. Knab,* 1838, in-8, cart. non rogné.

828. TASSE (Le). Aminte, traduction du sieur de La Brosse, avec une préface par H. Reynald, compositions de Victor Ranvier gravées à l'eau-forte par Champollion, dessins de H. Giacomelli gravés sur bois par Méaulle. *Paris, Librairie des bibliophiles,* 1882, in-12, mar. bleu, fil., dos orné, dent. intér., tr. dor. (*Cuzin*.)

Exemplaire imprimé sur papier de Chine contenant le tirage à part sur papier du Japon des vignettes de Champollion en double état, eau-forte pure et épreuves d'artiste.

829. TASTU (Mᵐᵉ). Poésies. *Paris, A. Dupont et Cⁱᵉ,* 1826, in-12, cart., non rogné.

Édition originale.

830. TASTU (M^mⁿ). Poésies nouvelles. *Paris, Denain*, 1835, in-12, cart., non rogné.

1 fr.

Édition originale.

831. THÉATRE ROYAL DE L'OPÉRA-COMIQUE. Fête de nuit, le mercredi 14 janvier 1835. Programme. *S. l. n. d.*, in-4 obl., broché, avec une eau-forte de Célestin Nanteuil représentant la fête de nuit, et datée de 1835.

30 fr.

Très rare.

832. THEURIET (André). Mademoiselle Guignon. *Paris, Charpentier*, 1882, in-12, broché.

6 fr.

Sur le faux titre, autographe signé de l'auteur.

833. THEURIET (André). Sous bois. *Paris, Conquet et Charpentier*, 1883, in-8, illustrations (75) de Giacomelli, mar. vert, dent. int., tr. dor. (*Cuzin.*)

120 fr.

Superbe exemplaire tiré sur papier de Chine, contenant le tirage à part des illustrations et orné d'une charmante reliure reproduisant sur le dos et sur les plats une branche de feuillage, dorure à petits fers.

834. THEURIET (André). Bigarreau. *Paris, imprimé par Lahure*, 1885, in-8, demi-rel. mar. bleu, dos et coins, tête dor., non rogné. (*Reymann.*)

82 fr.

Édition non mise dans le commerce, imprimée pour 50 souscripteurs, et illustrée de six compositions de M. le comte R. de L'Aigle, gravées à l'eau-forte par H. Toussaint, épreuves en triple état, eau-forte avant et avec la lettre.

835. TILLIER (Claude). Mon oncle Benjamin. *Bruxelles et Leipzig*, 1854, 2 vol. in-32, brochés.

14 fr.

Avec les couvertures.

836. TILLIER (Claude). Mon oncle Benjamin. Nouvelle édition illustrée d'un portrait-frontispice et de 42 dessins de Sahib, gravés sur bois par Prunaire. Préface par Monselet. *Paris, Conquet*, 1881, 2 vol. gr. in-8, demi-rel. mar. citron, dos et coins, tête dor., non rognés. (*Reymann.*)

88 fr.

L'un des 50 exemplaires tirés sur papier du Japon, avec la suite des vignettes imprimées à part et en couleurs.

837. TIMON. Livre des Orateurs, édition illustrée de 27 portraits sur acier. *Paris, Paynerre*, 1844, gr. in-8, demi-rel.

27 fr.

mar. bleu, dos et coins, tête dor., non rogné. (*Reymann.*)

Exemplaire auquel on a ajouté la suite des 27 portraits tirés sur papier de Chine, épreuves avant la lettre.

838. TOPFFER. Voyages en zigzag, ou Excursions d'un pension-nat en vacances dans les cantons suisses et sur le revers italien des Alpes, illustrés d'après les dessins de l'auteur et ornés de 15 grands dessins par M. Calame. *Paris, Dubo-chet,* 1844, gr. in-8, demi-rel. mar. vert, dos et coins, tête dor., non rogné.

Première édition avec la couverture.

839. TOPFFER. Nouveaux Voyages en zigzag à la Grande-Char-treuse, autour du Mont-Blanc, etc., précédés d'une notice par Sainte-Beuve, illustrés d'après les dessins originaux de Topffer, par Calame, Girardet; Français, Daubigny, Forest, etc., *Paris, V. Lecou,* 1854, gr. in-8, demi-rel. mar. vert, dos et coins, tête dor., non rogné. (*Reymann.*)

Première édition avec la couverture.

840. UJFALVY-BOURDON (Mme de). De Paris à Samarkand. Le Ferghanah, le Kouldja et la Sibérie occidentale. Impres-sions de voyage d'une Parisienne. Ouvrage contenant 273 gravures sur bois et cinq cartes. *Paris, Hachette,* 1880, in-4, broché.

841. UNGER (William). Eaux-fortes, d'après Frans Hals, avec une étude sur le maître et ses œuvres par C. Vosmaer. *Leyde, A. W. Sijthoff,* 1873, gr. in-fol., papier de Hollande, demi-rel. mar. rouge foncé, tête dor., non rogné.

842. UNGER (William). Œuvres, eaux-fortes d'après les maî-tres anciens, commentées par C. Vosmaer, *Leyde, Sijthoff,* 1874, gr. in-fol., papier de Hollande, demi-rel. mar. brun foncé, tête dor., non rogné.

72 planches.

843. UZANNE (Octave). L'Éventail, illustrations de Paul Avril. *Paris, Quantin,* 1882, in-8, broché.

L'un des 100 exemplaires tirés sur papier du Japon et renfermé dans un carton recouvert de satin bleu.

844. UZANNE (Octave). L'Ombrelle, le Gant, le Manchon, illustrations de Paul Avril. *Paris, Quantin,* 1883, in-8, broché.

54 fr.

L'un des 100 exemplaires tirés sur papier du Japon avec la couverture coloriée et renfermé dans un carton recouvert de satin rose.

845. VACQUERIE (Auguste). Demi-teintes. *Paris, Garnier,* 1845, in-12, broché.

3 fr.

Édition originale avec la couverture.

846. VACQUERIE (Auguste). Les Miettes de l'histoire. *Paris, Pagnerre,* 1863, gr. in-8, broché.

6 fr.

Édition originale. Exemplaire tiré sur papier de Hollande.

847. VACQUERIE (Auguste). Les Funérailles de l'honneur. Drame en sept actes. *Paris, Librairie nouvelle,* 1861, in-12, cart., non rogné.

2.50

Édition originale, avec la couverture.

848. VACQUERIE (Auguste). Le Fils. *Paris, Pagnerre,* 1866, gr. in-8, demi-rel. mar. vert, dos et coins, tête dor., non rogné. (*Lemardeley.*)

4 fr.

Édition originale. Exemplaire tiré sur papier de Hollande.

849. VACQUERIE (Auguste). Tragaldabas, drame en cinq actes. *Paris, Michel Lévy,* 1875, in-8, cart., non rogné.

4 fr.

Avec la couverture.

850. VACQUERIE (Auguste). Formosa. *Paris, C. Lévy,* 1883, gr. in-8, broché.

5 fr.

Édition originale. L'un des 25 exemplaires tirés sur papier de Hollande.

851. VIGNY (Alfred de). Poèmes antiques et modernes. *Paris, Urbain Canel,* 1826, in-8, cart., non rogné.

60 fr.

Édition originale.

852. VIGNY (Alfred de). Cinq-Mars, ou Une conjuration sous Louis XIII. *Paris, Urbain Canel,* 1826, 2 vol. in-8, mar. La Vallière, dent. int., tr. dor. (*Cuzin.*)

360 fr.

Très bel exemplaire de l'édition originale relié sur brochure avec les couvertures.

853. VIGNY (Alfred de). Les Consultations du Docteur Noir. — Stello, ou les Diables bleus (Blue devils). *Paris, Ch. Gos-*

150 fr.

selin et E. Renduel, 1832, in-8, 3 vignettes d'après Tony Johannot, sur papier de Chine volant, demi-rel. mar. rouge, dos orné, coins, tête dor., non rogné. (*Allô*.)

Bel exemplaire de l'édition originale avec la couverture. On a ajouté six vers autographes signés de l'auteur.

854. Vigny (Alfred de). Servitude et grandeur militaires. *Paris, Bonnaire et Magen*, 1835, in-8, mar. vert jans., dent. int., tr. dor. (*Cuzin*.)

240 fr.

Très bel exemplaire de l'édition originale relié sur brochure et avec la couverture.

855. Vigny (Alfred de). Servitude et grandeur militaires. Dessins de H. Dupray, gravés à l'eau-forte par Daniel Mordant. *Paris, imprimé pour les Amis des livres par A. Lahure*, 1885, gr. in-8, mar. rouge, dent. int., tr. dor. (*Cuzin*.)

260 fr.

L'un des 121 exemplaires imprimés sur papier du Japon avec vignettes tirées à part en double état, eau-forte et avant la lettre.

856. Vigny (Alfred de). Le More de Venise, Othello. Tragédie traduite de Shakespeare en vers français. *Paris, Levavasseur et U. Canel*, 1830, in-8, demi-rel. mar. rouge, dos et coins, tête dor., non rogné. (*Lemardeley*.)

24 fr.

Édition originale. Envoi autographe de l'auteur à M. Avenel.

857. Vigny (Alfred de). La Maréchale d'Ancre. Drame en cinq actes. *Paris, Gosselin*, 1831, in-8, front., cart., non rogné.

33 fr.

Édition originale avec envoi autographe de l'auteur à M. Avenel.

858. Vigny (Alfred de). Chatterton. Drame. *Paris, H. Souverain*, 1835, in-8, frontispice de Ed. May, tiré sur papier de Chine, cart. vél. bl., non rogné.

49 fr.

Édition originale. Bel exemplaire.

859. Virgile. Les Bucoliques. Traduction d'André Lefèvre. Illustrations d'Aug. Leloir. *Paris, A. Quantin*, 1881, in-18, texte encadré, broché.

10 fr.

L'un des 50 exemplaires tirés sur papier du Japon.

860. Voltaire. Romans. *Paris, Librairie des bibliophiles,* 1878,
5 vol. in-8, demi-rel. mar. rouge, dos et coins, tête dor.,
non rognés. (*Cuzin.*)

80 fr.

L'un des 20 exemplaires tirés sur papier de Chine, avec les figures
en double état et les couvertures.

861. Wordsworth (Chr.). La Grèce pittoresque et historique.
Traduction de E. Regnault. Illustrations sur acier et sur
bois. *Paris, Curmer,* 1841, in-4, demi-rel. mar. rouge, dos
et coins, tête dor., non rogné. (*Allô.*)

55 fr.

Exemplaire tiré sur papier de Chine, avec les figures avant la lettre.
Frontispice ajouté.

862. Yriarte (Ch.). Venise : Histoire. —Art. — Industrie. —
La Ville. — La Vie. Ouvrage orné de 525 gravures dont
50 tirées hors texte et plusieurs en couleur. *Paris, Rothschild,* 1878, in-fol., riche cartonnage avec fers spéciaux,
tr. dor.

63 fr.

863. Yriarte (Ch.). Les Bords de l'Adriatique et le Monté-
négro. Ouvrage contenant 257 gravures sur bois et 7 cartes.
Paris, Hachette, 1878, in-fol., demi-rel. mar. brun, dos et
coins, tête dor., non rogné. (*Reymann.*)

46 fr.

Exemplaire tiré sur papier de Chine.

864. Yriarte (Ch.). Florence. — L'Histoire. — Les Médicis.
— Les Humanistes. — Les Lettres. — Les Arts. Orné de
500 gravures et planches. *Paris, Rothschild,* 1881, in-fol.,
riche cartonnage en toile, orné de fers spéciaux, tr. dor.

50 fr.

Sur l'un des plats, les armes des Médicis en couleurs.

865. Zola (Émile). Nouveaux Contes à Ninon. *Paris, Charpentier,* 1874, in-12, demi-rel. mar. brun, dos et coins, tête
dor., non rogné. (*Reymann.*)

18 fr.

Édition originale. L'un des 25 exemplaires tirés sur papier de Hollande.

866. Zola (Émile). La Curée. *Paris, Charpentier,* 1881, in-12,
broché.

11 fr.

Sur le faux-titre, autographe de six lignes, signé de l'auteur.

867. ZOLA (Émile). Pot-Bouille. *Paris, Charpentier,* 1882, in-12, broché. *3.50*

Édition originale, avec la couverture.

868. ZOLA (Émile). Le Capitaine Burle. *Paris, Charpentier,* 1883, in-12, broché. *6.50*

Édition originale, avec la couverture.

869. ZOLA (Émile). Au Bonheur des Dames. *Paris, Charpentier,* 1883, in-12, broché. *4.50*

Édition originale, avec la couverture.

Paris. — Typographie Georges Chamerot, 19, rue des Saints-Pères. — 18769.